资金流向

〔美〕**吉姆·罗杰斯** —— 著

大野和基 —— 日版译者

蓝朔 —— 译

中国出版集团　现代出版社

版权登记号：01-2020-2412

图书在版编目（CIP）数据

资金流向／（美）吉姆·罗杰斯著；蓝朔译. —北京：现代出版社，2020.5
ISBN 978-7-5143-8392-8

Ⅰ.①资… Ⅱ.①吉… ②蓝… Ⅲ.①投资环境－研究－亚洲 Ⅳ.①F833.048

中国版本图书馆CIP数据核字(2020)第034643号

OKANE NO NAGARE DE YOMU NIHON TO SEKAI NO MIRAI
Copyright © 2019 by Jim ROGERS / Kazumoto OHNO
First original Japanese edition published by PHP Institute, Inc., Japan.
Simplified Chinese translation rights arranged with PHP Institute, Inc.
through Shanghai To-Asia Culture Co., Ltd.

资金流向

作　　者	〔美〕吉姆·罗杰斯
日版译者	〔日〕大野和基
英文校对及执笔	大井美纱子
译　　者	蓝朔
策划编辑	王传丽
责任编辑	裴郁　阎欣　肖君澜
出版发行	现代出版社
通信地址	北京市安定门外安华里504号
邮政编码	100011
电　　话	010-64267325　64245264（兼传真）
网　　址	www.1980xd.com
电子邮箱	xiandai@vip.sina.com
印　　刷	三河市宏盛印务有限公司
开　　本	880mm×1230mm　1/32
印　　张	5.25
字　　数	73千
版　　次	2020年7月第1版　2020年7月第1次印刷
书　　号	ISBN 978-7-5143-8392-8
定　　价	49.80元

版权所有，翻印必究；未经许可，不得转载

本书为记者大野和基专程前往新加坡采访吉姆·罗杰斯（Jim Rogers）之后编写而成的，内容面向日本和其他亚洲各国的读者。采访在吉姆·罗杰斯的家中进行。

前　言

如何洞悉"资金流向"

我经常凭借历史事件预测未来。历史赋予我们预知未来的力量，也为我们指明资金流动的方向。**若想事业有成，就必须学会预测未来。**无论是投资人，还是音乐家、足球运动员，哪怕是公司职员，想在任何领域有所建树，都必须具备预测未来的能力。我们全家于2007年移居新加坡，也是因为我预见到，属于亚洲的时代即将来临。

我从美国耶鲁大学毕业后，进入英国牛津大学读研究生，就在那时，我意识到学习历史的重要性。我在耶鲁大学的专业是美国史和欧洲史，在牛津大学学习的是英国史（当时我认为美国和欧洲就是世界的全部，现在想来无比惭愧，也明白了当年的自己有多么无知）。

说回正题。在我学习英国史的过程中，惊觉一些与历史事件极为相似的事情再次发生了。后来在我进入纽约华尔街投资行业工作时，也有同样的感觉。资金，也就是资本的流向在历史上并非无迹可循。

自那以后，我花费几十年时间学习了日本、中国等亚洲国家以及其他地区的历史。也曾二度环游世界，亲历各地风土人情。我在自传中也提到，第一次环游世界时，我骑着摩托车穿越了世界六大洲。第二次环游世界时，我驾驶梅赛德斯奔驰车游历了116个国家，全程24万公里。随着我年岁渐长，对这个世界的了解也更为深刻。

正因为我从历史中学会如何预测资金流向，才**得以预知雷曼冲击、中国崛起、特朗普当选总统等众多事件的发生。**

历史总是惊人地相似

作家马克·吐温说过:"历史不会重演,但总是惊人的相似。"世界上发生的大多数事件以前都发生过。不会完全相同,但或多或少与之相似的事情总会重复发生。战争、饥荒、经济萧条、排外、贸易战、移民问题等,这些问题已经以不同的形式出现过很多次了。

如果知道以前类似问题产生的原因,就能在一定程度上掌握当下的情况,也会明白之后将会如何收场。我们经常听到别人说"历史重演",但实际上完全相同的事件不会再次发生,只是**保持着惊人的相似性,以稍微不同的形式重复下去**。

例如,20世纪90年代末至2000年,美国经济出现了泡沫。以住房和金融为中心,各类资产价格飞速上涨,房地产从业人员都认为这次一定"不同以往"。当时日本人拥有不少财产,也飞往纽约购置房产。估计他们同样自然而然地认为房价还会上涨吧。

当整个美国处于泡沫经济最繁荣的时候，连财经类报纸《华尔街日报》都发文称"经济发展进入新时代"，还造出"新经济"这样的词语。泡沫破裂后，"新经济"这个词也不怎么用了。毕竟美国经历的不是什么新经济，只是泡沫经济罢了。了解历史的人都应该明白，这明显和上次泡沫经济崩溃前的征兆相同。

一百年前美国泡沫经济崩溃的启示

大约在80年前，美国经历过类似的泡沫经济。20世纪20年代，第一次世界大战过后，欧洲经济不景气，失去了以往强势的地位，美国则取而代之、迎头赶上。重工业的投资增加，汽车行业显著发展，生产量和消费量极为庞大。当时的美国总统赫伯特·胡佛（Herbert Hoover）将这种空前繁荣的景象称为"永远的繁荣"。同时还诞生了"新时代""黄金的二十年"等词语。但实际上,这不是"永远",不过是泡沫经济而已。不久后,纽约华尔街的股价暴跌,由此引发了1929年开始的大萧条。

日本在20世纪80年代末也出现了严重的泡沫经济,明显到任何一个学过历史的人都能看出来,但当时几乎没有人称之为泡沫经济。不只是日本人,日本以外的人也这么认为。他们声称只有日本不一样、这不是泡沫经济、这次一定不同以往。**"这次不同以往"的说辞其实是危险的征兆**,在投资行业要特别注意这一点,因为在历史上绝无"这次不同以往"的先例。这句话是没有历史常识的人才会说的。

不要人云亦云,积极应对变化

选择与众不同的角度思考问题,就能发现其他人发现不了的事物,这就是通往成功的第一步。当周围人对你的想法嗤之以鼻、嘲笑讥讽时,要把它看作巨大的转机。因为**没有人会因为做了和别人一样的事情而成功。**

最重要的是配合这个与过去惊人相似却又不断变化的时代，随机应变。亲身感受时代变迁的方向，顺应其发展。

人的年龄增长后，便渐渐难以应对变化。但是，就算到了40多岁，在职场地位已经牢固的情况下，**将变化拒之门外也会导致未来失业。**

在这本书中，我将说明我自己依据历史预测未来的方法以及如何顺应时代的潮流。希望能给各位读者一些启发。

吉姆·罗杰斯

目 录

序章
风从亚洲吹来，但风力有强有弱

为何我能预测到雷曼冲击和特朗普当选总统	3
在历史经验中探索投资成功的秘诀	5
"亚洲时代"的来临——世界的负债在西方，资产在东方	6
日本将何去何从	11
下一个最"值得投资"的国家	12
史上最严重的金融危机即将来临	13
近10年剧变的资金流向	15

第一章
中国——未来可期的发展中国家

中国高度发展的可能性
长期保持持续发展的态势 21

例外的两个世纪	21
中国人才辈出的原因	26

1

投资中国选择环境、基础设施及健康产业
"一带一路"倡议带来的经济快速发展 28

环境产业尚有较大发展空间 28
"一带一路"倡议带给基础设施建设的机遇 30
人民币将持续坚挺 31

第二章
隐藏巨大可能性的日本

从世界史看日本的未来
锁国则亡,开放则强 35

"如果我是个10岁的日本人,我会选择立刻离开日本" 35
2050年日本将成为犯罪大国 36

日本经济繁荣只是表象
吞噬日本的危机究竟是什么 38

经济学者大部分都错了 38
警惕表面繁荣的市场经济——从"资金流向"中吸取教训 41
日本终将反省"安倍经济学的副作用" 42
危机中隐藏的投资机会 43

接受移民则国家兴旺发达，拒绝移民则终将亡国
控制移民带来的社会影响 47

接受移民或选择贫困 47
接受移民果真意味着增加犯罪吗 49
如何不重蹈欧盟的覆辙 50

投资日本请选择旅游、农业、教育产业
日本的"朝阳产业"及其原因　　　　　　　　　　　53

入境观光业投资前景看好　　　　　　　　　　　　53
农业发展充满机遇　　　　　　　　　　　　　　　55
教育产业存在突破口　　　　　　　　　　　　　　57

日本的复兴之路
日本的三大优势及发展经济的三大处方　　　　　59

日本优势之一：追求优良品质的精神　　　　　　　59
令美国人震惊的日本"造物"技术　　　　　　　　60
"价格竞争"不可取　　　　　　　　　　　　　　　62
价格之争下的"日不落帝国"　　　　　　　　　　64
日本优势之二：可信赖的国民性　　　　　　　　　65
日本优势之三：高储蓄率　　　　　　　　　　　　66
如果我做日本内阁总理　　　　　　　　　　　　　70
如果我现在是个40岁的日本人　　　　　　　　　　75

第三章
不容忽视的大国——美国、俄罗斯、印度

美国经济增长趋缓后的世界格局
中美贸易战的恶果 　　79

美国股票只有部分著名 IT 企业保持上涨 　　79

20 世纪 20 年代美国关税法的悲剧 　　81

贸易战影响下的商品（日用品） 　　82

真正的贸易战何时打响？ 　　84

印度的经济
"一生该去看一次的地方" 　　87

一个充满魅力的国家，但距离"大国"依然遥远 　　87

关注俄罗斯经济
众人敬而远之处蕴含着真正的商机 89

投资俄罗斯的目标 89
目前最适合买国债的国家 90
俄罗斯加大远东开发的可能性 91
不要被媒体对俄罗斯的负面宣传欺骗 92

第四章
紧跟大时代步伐，把握经济大趋势

投资有风险也有秘诀
无捷径可寻，但钱生钱暗藏玄机 99

不轻易接受他人的忠告 99
吉姆·罗杰斯式"信息获得法" 101
学历与成功不成正比 102

选择正确的投资方法，实现"钱生钱"的梦想　103

破产后领悟到的人生哲理
"伺机"有时比行动更重要　107

成功的一个必备条件　107
投资尚无人问津的行业　109
"静若处子"也是重要才能　112
获利之时是最容易失败之际　114
资产翻三倍后五个月又破产让我学会了什么　116

人生不被经济变化左右的秘诀
投资渠道与必备技能　118

在世界金融危机中自保的最好方法　118
未来必备的两大技能　120
日本年轻人该选择的四大移民国家　121

第五章
资金与经济的未来发展形式

受人工智能影响的产业
金融科技改变金融业 　　　　　　　　　　　　　　　127

高盛交易员从 600 人锐减为 2 人的原因　　　　　　　127
产业的换代升级　　　　　　　　　　　　　　　　　129
交易所交易型基金是否是最佳投资渠道　　　　　　　130
未来应投资交易所交易基金以外的股票　　　　　　　133

金钱格局的改变带来经济模式的转变

非现金经济重构后的势力格局　　　　　　　　　　　136
非现金经济与各国的打算　　　　　　　　　　　　　138
今后要投资的不是虚拟货币而是区块链　　　　　　　140
区块链推动了哪个国家的发展　　　　　　　　　　　142
21 世纪第二个十年的后期是人工智能与区块链的时代　144

结 语

从固有观念中解放自我　　　　　　　　　146
不要畏惧变化，而要学会享受　　　　　　148

序章 **风从亚洲吹来,但风力有强有弱**

吉姆·罗杰斯出生在美国乡下，在那里度过了绝对称不上富裕的少年时光。后来他进入英美名校学习历史，培养了独立思考的能力。之后步入华尔街，与乔治·索罗斯（George Soros）共同创办了著名的对冲基金"量子基金"，并在10年内获得了惊人的4200%的回报率。

这位罕见的投资人凭借微观与宏观双重视角解读出资金的流向，准确预测到雷曼冲击、中国崛起、特朗普当选总统等多个事件。

本章将对他的投资理念进行介绍，探讨"哪里是五年后亚洲最幸福的国家"。YouTube的首席执行官苏珊·沃西基（Susan Wojcicki）也曾在《福布斯》杂志的访谈中说过，她所做的决定都基于一个前提：五年后世界将会如何变化。读完本章之后，相信各位读者也能大致了解未来经济的走向。

序 章　风从亚洲吹来，但风力有强有弱

为何我能预测到雷曼冲击和特朗普当选总统

我在前言中说过："正因为我从历史中学会如何预测资金流向，才得以预知雷曼冲击、中国崛起、特朗普当选总统等众多事件的发生。"

其中，**我在雷曼冲击发生前一年就已经有所预感，并从中获利颇多。**

当时，我发现负责房屋贷款业务的联邦国民抵押贷款协会（房利美）的资产负债表有异，便将它的股票卖空了（卖空是指投资者认为近期股价即将下跌时采取的股票交易行为。投资者以当前股价卖出借来的股票，等股价下跌后低价买进，将借来的股票返还给出借方，从差额中获利）。

除了房利美以外，我还卖空了花旗银行以及其他投资银行的股票。录制电视节目时我就表示过危机即将到来，也曾苦口婆心地提醒周围的投资人和金融相关的参议院议员小心被房利美坑骗。但没有人听我的劝,他们只觉得我不可理喻。

这样的评价我已经听到过很多次了。2016年,我在东京演讲时,提出"朝鲜即将崛起"的观点。可能因为说太多次了,差一点被逮捕。两年后,情况便完全不同了。别人对我说:"你当时说朝鲜崛起的时候我还以为你疯了,现在才知道你是对的。"

2016年,美国总统大选时也是。我记得很清楚,**我和妻子以及两个女儿一起观看总统大选的新闻时,我对她们说:"一定是唐纳德·特朗普(Donald Trump)当选。"** 听了我的话,大家都捧腹大笑。我没有支持特朗普的意思,只是单纯地预测他会当选,实际上我也没有给他投票。但结果正如我所料,他当选了。

在历史经验中探索投资成功的秘诀

有时我能对未来做出准确的判断，但每当这时，人们都觉得我是个疯子。要想成功，就一定要独辟蹊径。**一直人云亦云，便难成大事。**

而帮助我投资成功的秘诀就是学习历史。历史告诉我们世界瞬息万变，所有颠覆你想象的事情都会经常发生。

无论从历史上的哪一年开始算起，15年后的世界和当时的世界都截然不同。1900年的人认同的观点到了1915年便完全错误，1930年和1945年、1960年和1975年……无论哪一年都是一样的。

不了解自己所处的环境，投资时便无法做出选择。一定要准确地知道，现在的经济状况究竟是蒸蒸日上还是逐渐恶化。认清现状的唯一方法就是学习历史。

我在美国哥伦比亚大学经济学院执教与投资相关的课程时，教给学生的内容也是通过历史预测未来。我让学生研究过去股市发生巨大变动的原因、股市变动前发生的事件、股市的变动对全世界造成了怎样的影响。经过这种分析训练，学生便能从历史和资金的大致走向预测未来的变化。

"亚洲时代"的来临——世界的负债在西方，资产在东方

具体到投资市场而言，历史告诉我："亚洲时代"即将来临。

现在的美国是有史以来最大的债务国（向其他国家借钱的国家）。美国的负债不仅是全世界最多的，也是历史上最多的。更糟糕的是，负债的数额还在逐渐增加。负900万亿日元（2017年底数据）的海外净资产数额与世界各国相比可谓一笔巨额债款（见图1）。

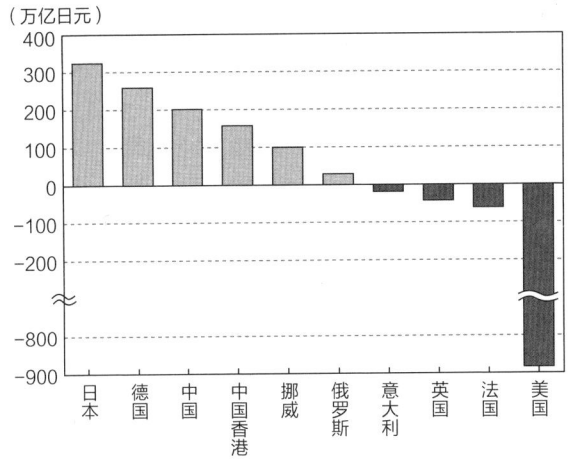

图 1　主要国家和地区海外净资产

注：图中为 2017 年底数据。日本的数据来源为日本财务省，其他国家和地区的数据来源为国际货币基金组织。该图根据日本时事通信社新闻网站 2018 年 5 月 25 日的报道制作而成。

美国负债增加的同时，亚洲各国的资产则在不断增加。它们逐渐成为债权国（借钱给其他国家的国家）。最近 75 年来，大规模的资金已经从美国、欧洲、日本流向中国、新加坡等亚洲各国。现在，**世界的负债在西方，资产在东方**（见表 1 和图 2）。

表 1　日本和中国的外汇储备额位列世界前二

排名	国家和地区	外汇储备额（单位：10 亿美元）
1	中国	$3219.0
2	日本	$1259.3
3	瑞士	$804.3
4	沙特阿拉伯	$501.3
5	俄罗斯	$460.6
6	中国台湾	$459.9*
7	中国香港	$424.8
8	印度	$403.1
9	韩国	$402.4
10	巴西	$379.4

注：图表根据国际货币基金组织（IMF）2018 年发布的《中国的中央银行》制作而成。

现在，世界上最大的债权国是日本，第三位是中国。中国不久之前还一直都没有负债的压力。2008 年，雷曼冲击引发了世界金融危机。中国简直像准备好了一样，在那时才开始动用一直积攒的资金。这笔庞大的积蓄通过公共服务帮助股价回升，世界各国都因中国的资产大受裨益。

序 章 风从亚洲吹来，但风力有强有弱

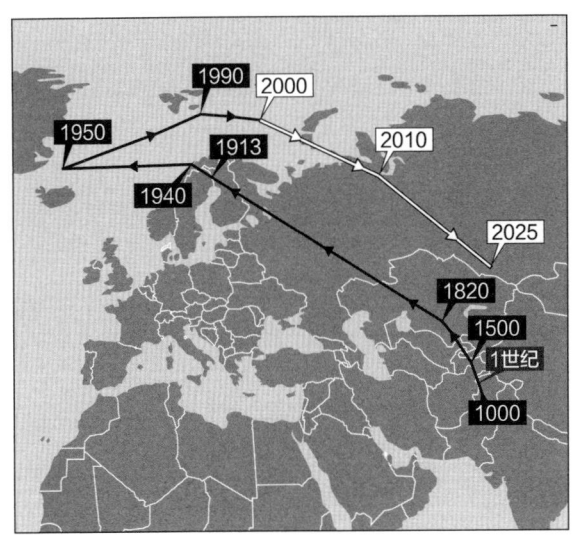

1世纪	1950	2025
印度和中国的经济活动占全世界的三分之二，之后1500年里，世界经济的中心几乎没有发生变化。	英国第一次工业革命爆发后，世界经济的中心开始向欧洲移动，过程历经三个世纪，之后又向北美转移。	2000年之后的25年里，由于中国、印度等其他新兴国家的兴起，世界经济的中心可能会回到原来的地点。

图 2 世界经济中心的演变

注：图片选自《麦肯锡说，未来 20 年大机遇》，理查德·多布斯（Richard Dobbs）、詹姆斯·马尼卡（James Manyika）、华强森（Jonathan Woetzel）著。内容由麦肯锡全球研究院分析得出，数据来源为格罗宁根大学的安格斯·麦迪逊（Angus Maddison）。

9

资金流向

从那以后，中国开始对外借款，负债的地方政府、企业和个人逐渐增加，但中国依然是资产庞大的债权国。

韩国的经历与之相似。它过去拥有庞大的资产，却直到最近十年、二十年才开始借钱，同时个人借款也在逐渐增加。新加坡、俄罗斯等国则一直都保持强势的债权国地位。

日本的海外净资产位列世界第一，约为300万亿日元（见图1）。其外汇储备额也于2018年3月底超过1万亿2000万美元（见表1），位居世界第二。

但日本国内的财政情况却陷入严重的亏损状态。2017年底，日本的长期债务余额就有898万亿日元，这还不包括地方政府的数额。而且，这一数字还在逐年增加。为了偿还这笔债款，国家要发行国债。为了还清国债，还要发行国债。由此引发恶性循环。这些债款最终还是需要用这一代年轻人长大后交付的税款来还清，这样就相当于把负担不断推给下一代。

历史已经告诉我们，**背负巨债的国家大多下场凄惨**。具体我会在之后的章节里谈到。

日本将何去何从

因此,我打心底认为,日本的未来着实令人担忧。少子老龄化、人口减少、不接受移民、老龄人口持续增加导致社会保障等财政支出持续攀升,为了填补缺口持续发行国债。

尽管情况最糟糕的1990年已经过去,但日本近十年来长期债务余额持续增加,和相邻的其他亚洲各国比起来,这十年的差距可谓令人惊异。整个亚洲坐拥庞大的资产,但有几个国家,尤其是日本,却背负着巨额债务。

如果我是个10岁的日本人,我会选择立刻离开日本。30年后,等我到了40岁,就会发现日本的债务将会增长到令人难以忽视的地步。究竟谁来还这笔巨款?除了日本国民以外,没有人能收拾这个烂摊子。

下一个最"值得投资"的国家

近50年来最令人关注的地方是日本,近40年来是新加坡,近30年来是中国。

日本的少子老龄化问题可谓世界之最。一方面,日本的科技和产品品质处于世界顶尖地位,但另一方面,在负面问题上也榜上有名。因此,世界各国将会密切关注日本的未来,从中吸取经验和教训。若日本能解决少子老龄化问题,将会开启这一领域的先河。

历史告诉我们,繁荣不一定代表幸福。但国家在经济上存在问题时,国民一定不会幸福。当国民觉得不幸福时,就会将此归咎于外来移民。皮肤的颜色和语言不同,宗教和饮食习惯也不同。国民会认为外国人身上有异味,他们吃的食物也有异味,等等。

但繁荣的国家大多能够接受外来移民,因为优越的经济条件让国民的心胸更加宽广,更容易宽容他人。外来移民让国家充满多样性,他们带来新的理念和资本，使国家更加繁荣。

史上最严重的金融危机即将来临

历史还能告诉我们很多事情，比如"每四到八年就会发生一次严重的经济问题"。我认为今后一到两年内，世界上将会爆发史上最严重的金融危机。全世界的负债数额已经到达历史新高，再加上中美贸易战，世界必将迎来一场大灾难。

据国际金融论坛（IFF）数据显示（图3），全世界政府、企业、家庭、金融机构的债务余额在2018年3月底达到了247万亿美元。与10年前的2008年相比，约增加了43%，增加数额达75万亿美元。

另外，全世界国内生产总值总额与10年前相比增加了37%，增加数额约24万亿美元。从负债额与国内生产总值之比来看，负债规模从10年前国内生产总值的2.9倍增长到3.2倍（见图4），这一不均衡的比例与雷曼冲击发生时相比有过之而无不及。

资金流向

2008年美国发生雷曼冲击以来，世界各国的债务数额都在不断增加，连十年前几乎没有负债的中国现在也背负着庞大的债务。

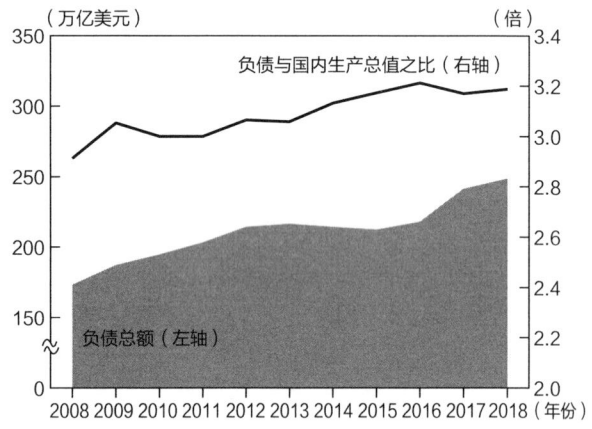

图3 近10年来，全世界负债总额上升，
与国内生产总值之比也不断扩大

注：数据来源为国际清算银行、国际货币基金组织、世界证券交易所联合会、国际金融协会，2018年数据为推测数值。图表根据日本经济新闻2018年9月15日早报制作而成。

美国中央银行的资产负债表数额也在近10年里增长了500%，这一增长率着实惊人。几十年之内增长500%就已经足够难以置信了，更何况短短十年，这已经超出常理了。

近10年剧变的资金流向

纵观全世界,现在只有朝鲜没有负债。面对无限增加的负债,世界各国都在考虑采取紧缩性的财政政策,但没有国家真正实施。理论大家都知道,但不付诸实际就毫无意义。比如就算我知道在百米赛跑中胜过他人的方法,实际跑步时却无法打破世界纪录。空谈理论谁都可以,没有实际行动便于事无补。

每个国家都像比赛一样地疯狂印刷纸币。利率上升,问题随之而来,人们纷纷向中央银行求助。官僚学者口口声声地说着帮助,其实就是转身印刷纸币而已。他们认为让市场充满活力就是帮助他人。

但他们从未考虑过印刷纸币之后的状况。长远来看,胡乱印刷纸币根本毫无效果。

然而,突然停止印刷纸币会产生很多经济问题。恐怕这些问题最先会发生在美国,然后全球经济陷入僵局,毕竟美国是全球债务最多的国家。继美国

资金流向

之后，世界第二、第三、第四的经济大国都会产生问题。

美国联邦储备委员会（FRB）、欧洲中央银行（ECB）等中央银行已重新开始评估宽松的货币政策，考虑提高利率或采取退出策略。有关人士声称可以保证经济软着陆，但实际上他们并未采取相应的引导措施。

最近 10 年间，资金流向发生了巨大的变化。雷曼冲击之后，全世界开始无节制地印刷纸币。日本银行表示要无限制增印纸币，英格兰银行声称需要保证纸币数量充足，美国则认为本国印刷的纸币都在需求范围之内。由此一来，股市将来便可能出现有史以来最严峻的下滑趋势。

近年来发生的事件无不暗示，不久之后将会出现严重的经济问题。雷曼冲击发生后已经过去了 10 年，现在任何事情都有可能在任何时间发生。美国股市在 2009 年 3 月触底之后，近 10 年来一直保持上升趋势，且这次上涨趋势维持的时间长度在历史上排名第二。**任何学过历史的人都能预测到，美国**

股市当前的上涨趋势总有一天会停下来。

美国联邦储备委员会前主席珍妮特·耶伦（Janet L. Yellen）曾断言经济问题不会再次发生。如果你相信她的话，这本书就不用再读下去了。时间会证明她的愚蠢。

接下来将要发生的经济危机会是我们人生中最艰难的一关，很少有人能全身而退。如此严峻而具破坏性的危机现在正向我们逼近。

第一章

中国——未来可期的发展中国家

吉姆·罗杰斯很早就预言了中国的崛起，并于 2007 年从美国搬到新加坡，就是为了让自己最爱的两个女儿学习中文。

他还认为，美国称霸世界的时代即将结束，世界的中心将转移到中国。因此，年轻人要是学会中文，将来会具备很大优势。

未来可期的中国在经济上究竟有何优势，如果能够预测到这个将会影响全世界大国的未来，便能够知道日本、韩国甚至是世界经济的走向了。

中国高度发展的可能性

长期保持持续发展的态势

例外的两个世纪

要是有人问我今后哪个国家会高速发展,我会毫不犹豫地回答:"中国。"

一度统治全球的大英帝国——现在的英国人口虽不多,却拥有大量的殖民地,势力范围广阔。美国近年来人口没怎么增加,但还是全世界第一大国。日本曾经发展繁荣,但几乎从未正式踏上过历史舞台。西班牙也曾长期统领全球,现在早已悄无声息。韩国也有一定可能,但如今实力尚且不足。**如今,距离世界第一大国的位置最近的国家,就是中国。**

资金流向

我在自己的书《中国牛市》（*A Bull in China*）中也说过，在世界历史上，有三分之一的时间是由中国占据世界霸主地位的，最近的两个世纪例外。

中国历史悠久，拥有众多领先于全世界的发明。15 至 16 世纪为欧洲带来巨大变革的"文艺复兴时期三大发明"——火药、指南针和活字印刷术都是在源于中国的技术基础上加以改进的。

中国在 9 世纪初期就发明了火药，并用于制造各类火器。13 世纪时，蒙古帝国西征军队就使用了火器，伊斯兰军队闻风丧胆，将这种远程攻击的武器称为"中国之雪""中国之箭"。指南针也是在 9 世纪初发明的。最早使用磁针制作指南针的记录大约在 1040 年，人们仿照鱼和龟，让磁针浮在水面上指向南方。另外，全世界最早的印刷品出现在 7 世纪中叶的中国，那时人们已经发明了纸张。10 世纪时，雕版印刷术已经十分发达。大量经文被印刷出来，就是为了让佛教传播到这个巨大国家的每一个角落。中国传授给我们西方人的知识，实在是太多太多。

在极具发明家气质的中国，新的商业形式不断诞生。曾经，日本是"造物"专属的代言人，如今，也有人将中国视为"造物"的中心。

其中较为引人注目的就是中国"独角兽企业"的数量。"独角兽企业"是指估值超过10亿美元的非上市型科技创业公司。截至2017年底，全球有超过220家"独角兽企业"，其中大约三成为中国企业，美国企业占五成。

这类企业诞生的速度以后将越来越快。**中国每年新培养出的工程师数量是美国的10倍、日本的15倍。**毕业于科学、技术、工程、数学专业的本科生数量是美国的8倍、日本的24倍，在世界范围内遥遥领先（见图10）。

诞生于中国的专利数量也大幅领先第二名的美国和第三名的日本，其他国家更是望尘莫及（见图11）。

我有时听人抱怨说中国的工程师水平不高，但还是有很多优秀的工程师的。不然就很难说明中国的百度、阿里巴巴、腾讯和华为这四家公司（BATH）飞速发展的现状了。

资金流向

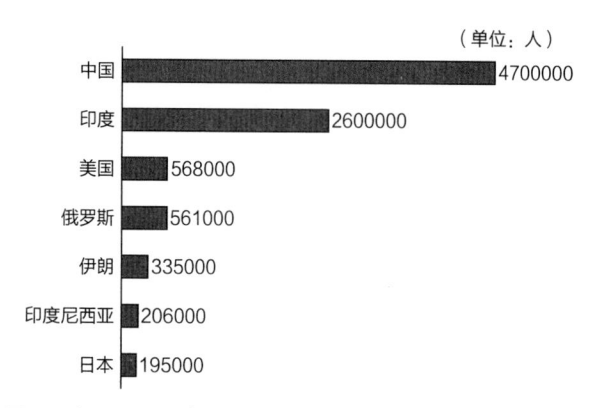

国家	人数（单位：人）
中国	4700000
印度	2600000
美国	568000
俄罗斯	561000
伊朗	335000
印度尼西亚	206000
日本	195000

图10 各国STEM（科学、技术、工程、数学）专业毕业学生数量

注：该图根据《福布斯》2017年2月2日报道《拥有最多STEM毕业生的国家》制作而成，作者为尼尔·麦卡锡（Niall McCarthy）。

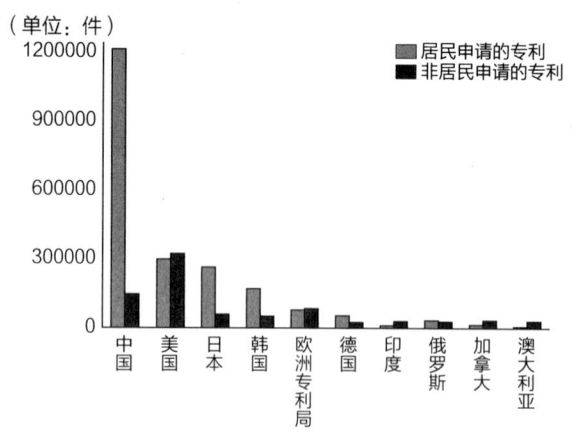

图11 专利数量最多的十个国家（2016年）

注：该图根据世界知识产权组织数据库2017年9月数据制作而成。

这四家公司快速发展的状况甚至有超过美国四大IT企业GAFA（谷歌Google、苹果Apple、脸书Facebook、亚马逊Amazon）的势头。截至2018年1月底，百度、阿里巴巴和腾讯三家公司的估值合计超过11000亿美元（华为没有上市）。腾讯及阿里巴巴的销售额与脸书差距不大（见表4）。如果按照现在的增长态势，很可能在两三年内就超过脸书。

表4 中国BATH与美国GAFA的对比

（单位：100万美元，仅估值总额的单位为亿美元）

企业名称	销售额	利润	排名	估值总额
谷歌	90272	19478	65	8168
百度	10161	1675	——	854
苹果	215369	45687	9	8517
华为	78510	5579	83	——
脸书	27638	10217	393	5454
腾讯	22870	6186	478	5630
亚马逊	135987	2371	26	7048
阿里巴巴	23517	6489	462	5232

注：该表根据《财富》世界500强（2017年版）制作而成，估值总额为2018年1月末数据。

资金流向

中国人才辈出的原因

中国人才辈出的原因之一是教育制度。**亚洲式的教育远比美式教育内涵丰富。**

虽然我的两个女儿在新加坡上学,但我知道中文授课的亚洲式教育比美式教育内容更多、要求更高,也更严格。

在美国,甚至是我所在的耶鲁大学,都有人嘲笑努力学习的人是"书呆子"。但在亚洲,勤奋是值得褒奖的美德,家长也鼓励孩子竞争与上进。

新加坡有一个全国统考的小学生毕业考试(PSLE),所有六年级的学生都要参加。成绩公布当天,第一名的学生和其家长的照片会占据一整版报纸。平常报纸上也经常会报道优秀学生的事迹。

我觉得正是这些造就了亚洲人。有时我也会担心他们在学习上花费了那么多时间,等到成人之后会不会丧失动力,但看到我的两个女儿,就知道自己杞人忧天了。

第一章 中国——未来可期的发展中国家

中国尤其重视技术。中国能发展到今天这一地步，很大程度上是因为重视技术。

中国有句话叫作"先尝试、后管制"。这个方针的意思是"先尝试去做，等出现问题再由政府管制"。**现在引领中国经济前进的很大一部分是非国有的民营企业、IT企业、共享经济等"新经济"。**我见过的一些最近在中国创业的人都说生意比较好做。

综上所述，教育的根基、政府鼓励的态度、"新经济"的崛起合理解释了中国经济的腾飞。

资金流向

投资中国选择环境、基础设施及健康产业
"一带一路"倡议带来的经济快速发展

环境产业尚有较大发展空间

我个人比较关注的中国股票是环境产业、铁路等基础设施产业和健康产业。此外,和日本与韩国一样,旅游和农业也有一定发展前景。

中国面临着比较严重的污染问题。中国政府现在投入了大量的资金治理环境污染,因此这一领域的发展态势尤为可观。如果在中国创业从事治理环境污染的行业,肯定会大获成功。

在美国和日本,环境产业大多依靠补助——也就是国民的税金维持运营,许多国民都没有意识到

自己正在为这些产业交税。这些产业的运营成本比从中获得的利润要高多了。中国目前还没有这类现象发生，如果企业能不靠补助正常运转，在经济上具备一定竞争力，一定能有所成就。

中国的农业可能现在看起来还处于低谷时期，但今后会迅速发展。

其他比较重要的产业就是旅游业了。中国人希望游览中国和全世界，所以我手上也持有一些中国航空公司的股票。**中国的航空客运是个新领域，今后的发展空间很大。**

20世纪80年代的日本和现在的中国处于同样的状态。我当时住在纽约，街上有很多日本游客。日本人的数量多到让美国人都惊讶他们是从哪里来的。公园大道上甚至建了一家叫作北野旅馆的日式酒店，里面设有铺设榻榻米的和式房间以及茶室。日本人赚到钱变富裕之后，就想去看看世界。几个世纪的闭关锁国使他们一出国就遍布世界。

现在日本人也喜欢四处旅行。日本的人口约1亿2600万人，中国有大约14亿人。人口多出11倍，可以想象中国旅游业的影响力。

"一带一路"倡议带给基础设施建设的机遇

中国的"一带一路"倡议于2013年由习近平主席提出，意在全世界构建政治、经济、文化共同体，推动世界秩序向中国主导方向发展。这一倡议无疑推动了中国经济的发展，尤其是基础设施、铁路方面的建设备受瞩目。**就算在全世界范围内，中国铁路的股票也是较为平稳的。**

无论如何，我看好的投资方向首先是商品。在中国投资最稳妥的方法就是投资中国人必须购买的商品，也就是中国国内较为缺乏的**棉、镍、石油**，以及未来发展可观的**环境、农业、旅游业和铁路**。

另外，一般来说投资者几乎都不懂中文，所以投资商品是最好的选择。不懂中文就不知道投资的企业采取什么样的经营策略，无法获得相关信息。而理解棉花则比理解中国股票简单多了，富余就卖出，不足再购入就可以了。

人民币将持续坚挺

2015年人民币贬值造成中国股票大幅滑落，引发震惊和讨论，但其实这件事不足为提。

这次事件中人民币下降了2%，但这种程度的贬值其他货币也会存在。再看看以前的股票市场，2015年的股价本就高得异常，就算下降2%也维持了以前最高点的水平（见图12）。

不知为何，西方媒体不了解中国，却喜欢抹黑中国。他们报道人民币贬值，但其实2%的贬值稀松平常，根本不算什么。

更何况，2016年国际货币基金组织宣布将人民币加入特别提款权（SDR）。人民币成了继美元、欧元、日元、英镑之后的第五大货币。

资金流向

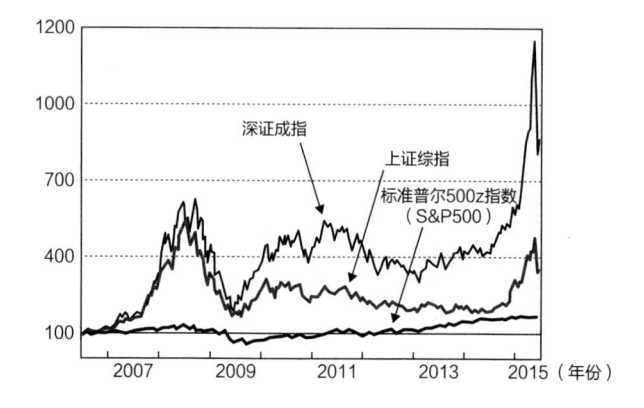

图12 2015年中国股价异常，长期处于升值状态

注：该图根据美国全国广播公司商业频道（CNBC）2015年7月28日报道《三张图解读中国股市》制作而成。

第二章

隐藏巨大可能性的日本

吉姆·罗杰斯算是比较有名的亲日派，但他对日本的将来并不看好。

他从世界史中找到了证据：人口减少、负债增加、不接受移民的国家终将灭亡。这是历史的必然性决定的。

但日本同时也隐藏着巨大的希望。如果能最大限度地发挥日本人的优势，积极投资"朝阳产业"，也有可能扭转败局。本章后半部分将解读这位世界级投资家提出的复兴日本的方法。

从世界史看日本的未来

锁国则亡，开放则强

"如果我是个 10 岁的日本人，我会选择立刻离开日本"

日本是我在世界上最喜欢的国家之一。我已经两度环游世界，也踏上过无数城镇的土地，却从未见过像东京这样饮食文化如此丰富的城市。我至今还记得银座那家世界顶级的牛排店。

一流的意大利餐厅也不在意大利，而在日本。当然，不仅是食物，日本的一切都极好，还有京都等众多历史底蕴丰富的城市。我个人非常喜欢这个国家，对它的评价也非常高，**但我很遗憾，这个国**

资金流向

家也许 50 年或者 100 年之后就会消失了。

我之所以如此肯定，还是因为日本极高的负债率和低生育率。我那么喜爱日本，却从未考虑过在日本居住，就是因为负债和少子化这两个简单的理由。

2017 年 11 月，我在美国的投资资讯广播节目"贝瑞投资时间"（Stansberry Investor Hour）里说过："**如果我是个 10 岁的日本人，我会选择买一把 AK47（自动步枪），或者立刻离开日本。因为现在十几岁的日本年轻人，今后将会遭遇重大灾难。**"AK47 是苏联设计的自动步枪。这档节目在网上也能收听，因此节目开播后引发了激烈的讨论。据说在日本也有影响。

2050 年日本将成为犯罪大国

我这么说当然不是怂恿大家买枪扫射，而是因为现在十几岁的年轻人到了 40 岁时，可能会经常在街上遇到暴乱。当全体国民陷入不满，国家濒临崩溃时，怒意、暴力、社会恐慌将接踵而来。有人认为只有日本不会这样,但这种社会现象在任何国家都会发生。杀人等各种形式的犯罪也会愈加频繁。

30年之后,社会问题严峻,人要有方法保护自己,或者掀起革命。

十几岁的年轻人如果继续留在日本,的确可能事业有成、财源滚滚,但他的人生不会一直顺风顺水下去。因为吹向日本的不是顺风,而是逆风。

日本经济繁荣只是表象
吞噬日本的危机究竟是什么

经济学者大部分都错了

现在，日本的中央与地方政府共欠下了约1100万亿日元的负债，与其国内生产总值之比达到了惊人的两倍。即便如此，安倍政府还在投资建设一些没有必要的道路和桥梁，甚至不惜增税来获取资金，投入无用的公共服务之中。他们面对如此庞大的债务还毫不在意，就是因为觉得需要偿还的人不是他们自己这代人。

日本50年前还不是这样的。储蓄率世界第一、国债基本为零（见图4），最近50年才形成了现在的情况。

我虽然认为日本即将消失，但也不是最近10年、20年的事情。现在日本的中年人变老后日本国库还可以支付老龄人口所需的资金。但在那之后——**现在十几岁的年轻人长到40岁时，能够保障他们老年生活的资金便会消耗殆尽。**

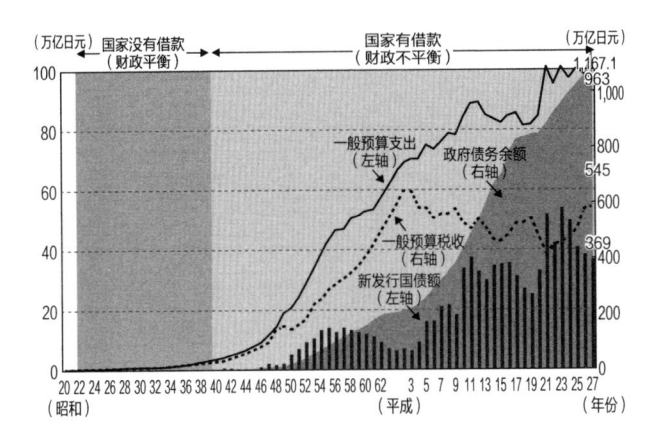

图4 日本的借款与亏损与日俱增

注：该图根据日本财务省资料《战后我国财政情况变迁与今后对策》制作而成。

有的经济学者认为，通货膨胀以后债务数量便会相对减少，因此不存在问题。道理上说得通，但长期的通货膨胀会造成物价上涨，对国民来说算不上好的解决办法。

严重的通货膨胀,尤其是恶性通货膨胀发生时,国家通常会灭亡。的确,通货膨胀发生后会减少相对债务,但很多人的生活会陷入泥潭,尤其是老年人和年轻人。也有人会因此积累财富,但绝大多数人的生活会被通货膨胀打乱。

当然,缓慢的通货膨胀的确有助于解决问题。但缓慢的发展也就意味着每个人都知道如何适应通货膨胀,经济就缺乏活力。

回顾历史,没有国家因为通货膨胀突然变得繁荣。经济的发展离不开拼命工作的国民、高储蓄率、高投资率和资金积累。**没有一个经济充满活力的国家依靠通货膨胀获得发展。**

因此,通货膨胀或许可以解决债务问题,但只能是无奈之举。那些声称"通货膨胀以后债务数量便会相对减少,因此不存在问题"的经济学者都错了。不过也算不上什么大问题,毕竟大部分经济学者说的都是错的。

警惕表面繁荣的市场经济——从"资金流向"中吸取教训

安倍经济学提出的宽松货币政策的确让日本当下的经济有所恢复。2017年11月，日本的实际国内生产总值时隔11年创下了连续七季度增长的记录。尽管劳动力不足、工资水平上升，物价也没有达到日本银行定下的上升2%的目标，但至少避免了通货紧缩，股价在近3年还涨到了原有的三倍。

然而，这些不过是表面的繁荣。目前日本股价的上升，不过是因为日本银行通过印刷纸币来购买日本股票和国债造成的而已。当纸币不断被印刷出来以后，总要流向一些领域，可能是土地，也可能是黄金。但从历史的角度来看，大多数情况下还是会流向股市。

在20世纪70年代的美国，资金的流向与之极为相似，大量的资金流向了股票、黄金和石油。在

资金流向

20世纪80年代的英国，资金流向了股票。第一次世界大战以后，德国也发生了严重的通货膨胀，货币急速贬值，股价几度涨停。通货膨胀严重的情况下，人们就不愿意持有纸币，转而购买实体资产。

不过，大多数情况下，资金最安全的避难所还是股票，不动产也算一个好去向。通货膨胀过后，在德国拥有巨额资产的人不是手握大量纸币的人，而是投资了股票与不动产的人。

日本终将反省"安倍经济学的副作用"

当前日本的状态不过遵循了"印刷纸币就能让股价上涨"的市场原理，宽松的货币政策持续实行也能保证日本维持当前的繁荣，却不能从根本上解决问题。之前提到的美国、英国和德国的例子就能说明，持续印刷纸币是无用之举。**安倍经济学不会成功**。安倍政府的政策只会让日本和日本下一代的未来变得一片黑暗。日本终将反省"安倍经济学的副作用"。

具有讽刺意味的是，这种情况对我们投资者却最有利，因为股价即将上升，这正是投资者和股票经纪人的绝佳机遇。2012年，当安倍当选日本内阁总理时，我立刻加购了日本的股票，因为他明确表示要增印纸币。

日本的企业很大程度上受到国家的保护，印刷纸币之后其收益和股价都会上升。尽管日本银行提高利率的消息加强了我的担忧，然而我还是要根据情况来判断，是否需要立刻停止购入日本的股票。所以我没有立刻行动，而决定看看情况再说。

危机中隐藏的投资机会

我最后一次大批量购入日本的股票是在日本2011年的3·11大地震前后。地震发生之前，日本的股价非常便宜，我就试着买了一些。地震发生后，日本的股价下跌到令人难以置信的程度，比1989年末的最高点38957日元下跌了近八成。就在这时，我大量购入了日本的股票，包括交易所交易型基金

资金流向

（ETF），其中以农业相关的股票居多。

我相信日本一定能从这次灾难中重新振作起来，才投资了这些资金。日本的教育水平高，国民勤奋又聪慧。我能看出日本人知道他们怎样做才能振兴自己的国家。

危机发生时，正是迅速行动起来为投资做准备的时候。看到地震发生地的情况和相关新闻报道时，大多数人会感到同情和恐惧，不会想得太深入，也不会考虑是否存在商机。

深陷灾难中的人一定希望有人帮助他们，希望有人来投资，所以投资对灾区人民与投资者都有利。

比如我现在最关注的地方就是委内瑞拉和津巴布韦。南美洲的委内瑞拉在2018年8月经历了时隔28年的大规模地震。在津巴布韦，穆加贝总统持续38年的政权结束，新总统姆南加古瓦上任。但有声音指出现任总统比前任更加糟糕，还有人示威游行反对姆南加古瓦上任。

国家处于动荡的时期，必然隐藏着投资的机会，至少也会存在变革。这就是投资者的想法。

话题回到日本。尽管日本的股价一直上升，但也只有22000日元左右（2018年12月数据），与1989年末的最高点相比低了四成（见图5）。

当然，在股价下跌时购入股票，最高点时卖出的确可以获利。但我以前就说过："**就算全世界的股市受到重创，我也会始终持有日本、中国和俄罗斯的股票，因为这三个国家的股票受经济不景气的影响最小。**"美国的股票目前处于最高点，我不会购买。现在购买日本的股票也算不上最恰当的时机，只是相对来说好一点，没那么糟糕罢了。如果股价继续下跌，我可能会再购买一些日本的股票。

中国和俄罗斯的股票也是如此，只不过比其他国家的股票稍微好一点。它们和日本的股票一样，都是从最高点跌落至此的。我会在之后的章节详细说明。

资金流向

图5 日本、中国、俄罗斯的平均股价变动趋势

注：该图根据《日经Money》杂志（2018年10月刊）制作。

接受移民则国家兴旺发达，拒绝移民则终将亡国

控制移民带来的社会影响

接受移民或选择贫困

日本的记者在采访我时，经常询问我对安倍经济学在未来发展方面的看法。可按照现状来说，我只能回答：**"再这样下去，日本就没有未来了。"** 现在人口不断减少，生育率只降不升。日本政府也不时想方设法地刺激生育，但效果甚微。而且日本还面临劳动力短缺、工资水平上涨、老龄人口增加、社会保障费用剧增等一系列问题。所以，我才说日本没有未来。

表2 从人口构成看各国的"机遇期"

联合国的人口专家预测，当一个国家的儿童（0岁至14岁）人数占总人口数30%以下、老龄人口（65岁以上）占总人口数15%以下时，国家就会进入"机遇期"，经济迅速增长。日本已经在1995年时结束了"机遇期"，美国也在2015年结束了"机遇期"。

国家	2010年的年龄中位数	2030年的年龄中位数	"机遇期"的时间
巴西	29岁	35岁	2000—2030年
印度	26岁	32岁	2015—2050年
俄罗斯	39岁	44岁	1950—2015年
伊朗	26岁	37岁	2005—2040年
日本	45岁	52岁	1965—1995年
德国	44岁	49岁	1950年以前—1990年
英国	40岁	42岁	1950年以前—1980年
美国	37岁	39岁	1970—2015年

注：数据来源为美国桑迪亚国家实验室，该表根据《2030年的世界》（美国国家情报委员会编著，日本讲谈社出版）第57页制作。

想解决少子化问题，就必须接受移民，但日本人普遍排外，对待接受移民问题毫不积极。联合国在2018年也点名指出了在日外国人遭遇的职场歧视、居住歧视、教育歧视等问题。长此以往，日本人的生活水平必将下降。但在我看来，日本人似乎宁愿选择降低自己的生活水平，也不愿意接受外国人。

接受移民果真意味着增加犯罪吗

经常有人提出，接受移民会威胁社会稳定。美国现在也有这样的言论，可调查一下实际罪犯数据就会发现，其中美国本地人比外国人要多。的确，美国有些罪犯是外国人。可一旦犯罪发生，人们只会指责罪犯是外国人，而不会因为他们是美国人而指责。**正因为只在外国人犯罪的时候强调他们是外国人，才先入为主地给人一种外国人都在犯罪的错觉。**真相是，任何种族都存在罪犯。

事实上，选择移民的人大多鼓足了勇气才离开自己的国家。他们在原本的国家有家人和朋友，由于语言相通也不存在太大问题，但他们还是收拾行囊离开了那里，来到一个举目无亲、语言不通的国家。这绝非一件易事，没有足够的胆量和拼劲都做不到。

我就非常希望这样有胆识的人来到我们国家。一辈子都不愿意离开自己国家的人另当别论，我很欢迎那些具有冒险精神、希望闯出一番天地的人来到自己的国家。

外来移民的文化背景的确可能和当地不同，但一般来说还是会被当地同化。这一过程可能需要很久，但外来移民的下一代肯定会被同化。日本就是这样，许多在日韩国人的日语非常流利，其中还有不少人已经有了日文名，还在日本本地的学校上学。

如何不重蹈欧盟的覆辙

现在欧盟各国出现了抵制移民的风潮，原因就是他们过早地接受了过多的移民。

欧盟各国的确需要移民。例如德国，从人口动态发展上来看德国存在很大问题，它与日本一样面临着少子老龄化进程加剧的问题，因此德国总理默克尔才明确提出需要移民。德国的劳动力不足，因此需要提高出生率或接受移民填补空缺。但生育率提高后，婴儿还需要很长一段时间长大成人，因此接受移民的方法可以更快取得成效。

因此，2015年，默克尔总理率先向中东及非洲大陆的难民打开大门，德国接受的移民总数多达100万人以上。这一数字约为德国国民总数的1.2%，在欧洲各国中也遥遥领先。每100个国民中突然就多出1名外国人，这种情况下很难安抚国民的情绪。

我居住的新加坡也因为短期内接受了太多的移民，便决定不再接受移民。2013年新加坡发布的人口白皮书中就提到"减少接受外国劳动者""将永久居民维持在50万人左右"等。但这样一来，新加坡将来会只剩下老龄人口，政府需要花费大量金钱为他们提供社会保障。以后会引发巨大问题。

从这些例子中可以得出，**接受移民时也要有一定限度**，不能在短期内接受太多移民。所以无论日本愿不愿意，接受移民都将是他们的必经之路，还只能一边控制、一边缓慢增加移民。

我从未见过闭关锁国还能繁荣发展的国家,这种可能性几乎为零。因此日本应该欢迎外国人,日本也需要更多外国人。我不是日本人,无法告知日本人应该如何生存下去。我只有一个观点:如果我是个 10 岁的日本人,我会选择立刻离开日本。

投资日本请选择旅游、农业、教育产业

日本的"朝阳产业"及其原因

入境观光业投资前景看好

今后应该在日本投资什么产业,日本产业的未来又在哪里呢?

我首先想到的就是入境观光业。**从我个人角度来说,我比较想投资日本旅游业中的观光、住宿、古民居等方面。**

日本是一个充满魅力的国家,名胜古迹众多。我后文中也将谈到,日本人的"造物"技术极高,经常为人称赞。在周边各国的眼中,尤其在中国人眼中是绝佳的旅游胜地。

资金流向

现在，出国旅游对中国人来说也不是什么难事。中国的人口约有 14 亿，大概是日本的 11 倍。这么多人要出国旅游，意味着中国的旅游业蕴藏着极大的机遇。日本距离中国很近，是中国人出国旅游的首选地。除了中国，越南还有大约 9300 万人口，这些人也有可能愿意去日本旅游。

可能有人担心，日本的入境观光业会在 2020 年东京奥运会之后衰落下去。大多数国家的确如此，它们为了迎接奥运会大力建设，但最终衰败下来。但我觉得日本不会由此衰落，毕竟日本经济的规模很大。

日本一直锁紧了国门。20 年前，甚至是 10 年前，大部分游客都不会考虑去日本旅游。物价高，还排斥外国人。外国人来到日本没什么人来帮忙，也不能使用国外的信用卡（现在还有一些地方不能使用国外的信用卡）。

可现在情况已经逐渐发生了变化，外国人也可以在日本使用信用卡了，日本入境观光业的未来可谓一片光明。日本没有依赖外国的廉价劳动力，还有很多类似古民居这样吸引外国人前来观看的风景名胜。

农业发展充满机遇

我想投资的另一个产业就是农业。农业在全世界各地的发展前景都很好，日本尤其如此。

现在日本没有什么人从事农业工作，行业从业人员的平均年龄高达 66 岁。**只要有人愿意推动农业发展，日本农业的未来就是光明的，毕竟这是个竞争毫不激烈的产业。**如果你现在只有 10 岁，可以考虑以后投身农业。

接受移民也是个好的方法。一旦日本表示愿意接受移民，一定有很多人愿意搬去日本，买下农田投身农业。许多日本人接受教育之后不愿再回到农田工作，但有些外国人愿意。只要让那些工资低廉的外国人进入日本，农业一定能蓬勃发展。

日本农业的问题在于政府保护得太过严密，可能是政治家为了获得农民的选票的结果。日本大米的价格曾经是世界市场价格的五至六倍。由于价格过高，难以出口到其他国家。

资金流向

我以前和一位日本的教授在大学里讨论过这个问题，当时我指出日本大米的价格是世界市场价格的六倍，价格这么高估计日本人想买也买不起。那位教授却这样回答我："我们日本人吃不了外国产的大米。吃了几个世纪的日本大米，现在我们的消化器官已经没有办法消化外国的大米了。真要吃了，估计全国的下水道都要坏掉，下水管道都得换一遍。"一开始我以为对方在开玩笑，现在想来他可能是认真的。

住在美国的日本人吃的也是加利福尼亚产的大米，如果那位教授说的话是真的，岂不是美国的下水管道也都要坏了，但事实并非如此。

日本人的"国产大米信仰"未免有些过度，既然连大学教授都信誓旦旦地说出这种话，估计大多数日本人也会认为日本的大米特殊、价格高理所当然。

无论是大米还是其他农作物，如果不能雇用廉价劳动力降低价格，日本的农产品就无法和其他国家竞争。今后也许很难出现像巴西和美国这样的农业大国，可日本如果还是如此固执，不肯雇用廉价劳动力，整个国家将会陷入贫困，日本也会在一百年后消失。

不过，现在情况已经逐渐改善。2016年，日本修订《农地法》，农业保护壁垒大幅降低。我听说有公司职员辞职后投身农业创业，公司的年销售额达到12亿日元，客户遍布亚洲各国。日本农业的机遇期才刚刚开始。

日本主要的企业大多是历史悠久的大企业，连丰田也算不上新兴企业了。而中国的企业则以丰田为目标，加倍努力追赶，希望开发出更好的汽车。日本的企业几乎已经发展到了顶点，很难更进一步。投资这样的企业风险较小，但回报也不高。

所以我的投资方向是旅游业、古民居和农业，这些产业依然有上升的空间。

教育产业存在突破口

教育产业的机遇可能也会增加。如今，有许多学校因为生源不足被迫关闭。学生人数减少，学校自然也空了出来。

如今有很多外国学生想到日本上学，我也觉得日本的学校积极招收外国学生是件好事。比如现在已经有越来越多的大学开始招收留学生了。

我与韩国的学生谈过。他们国家大学的数量不多、竞争率很高，有些人没有机会上大学，这时我就会建议他们去日本留学。在日本，大学数量众多，几乎所有人都能上大学。许多大学由于招不满学生，非常欢迎学生报考，也愿意接收留学生。

既然要招收外国人，就要用全世界通用的英语授课。除了东京大学，现在能用英语授课的大学也越来越多。

经常有人说护理产业前景良好，其实以后日本与其他国家竞争时，护理产业没有什么帮助。只不过因为老龄人口增加，日本不得已需要发展护理产业而已，而不是真的存在商机。

日本的复兴之路

日本的三大优势及发展经济的三大处方

至此，我已经谈了很多日本现在面临的危机。但每个国家都会犯错，没有国家从不走弯路，也有国家可以从错误中吸取教训，中国便是如此。中国曾经没落过，但还是一次又一次地站上了世界的顶点。日本也足够有余力恢复过来。在我看来，日本的优势有三点。

日本优势之一：追求优良品质的精神

第一点就是日本最大的优势——品质。日本人在许多领域都精益求精，这种精神毫无疑问是世界第一，甚至令人想不到能排得上第二的国家。德国、荷兰和澳大利亚等国也对产品质量要求严格，但还是达不到日本的水平。**世界上没有任何一个国家像日本一样对品质有着如此高的追求，也正是这样的态度成就了日本。**

第二次世界大战之后，日本遭受原子弹的打击，陷入被孤立的境地。要想在世界上拥有竞争力，就必须在品质上胜出一筹。毕竟价格也许可以帮助一个国家获得优势，但大多不会长久。

之后，日本经济也的确顺利地恢复了增长。他们一定也认为，最好的品质可以帮助他们获得成功，在世界上占有一席之地。

令美国人震惊的日本"造物"技术

我听说过这样一个故事。20世纪50年代，一个铝制车轮震惊了全世界最大的铝生产制造公司美国美铝公司的员工。那个巨大的车轮是美铝公司首席执行官（CEO）带回公司的，由于品质极高，员工和管理层都认为这个车轮是为了提高今后产品的品质而特别制造的。但他们的首席执行官却这样回答道:"这是一个日本制造的普通铝制车轮,日本每个小时、每天、每周都能生产出许多这样的车轮。"**美国员工眼里的"高品质"不过是日本人的常态而已**。那位首席执行官还强调,美国人的这种思考方式正是他们的问题所在。

1965年,通用汽车公司(GM)是美国最大,也是全世界最大的汽车制造商。当日本汽车进军美国市场时,咨询顾问曾向通用汽车公司董事会提出警告,并指出需要思考应对方案。但美国管理层却不以为意:"日本人?那又怎么样?日本人来了会有什么不一样吗?"

44年后,通用汽车公司破产了。价廉物美的日本汽车进入美国市场,通用汽车公司本应该予以更多关注。丰田当年进军美国时,由于害怕失败,没有打出丰田的名号。结果他们没有失败,还成了全世界大型的汽车制造商之一。

我记得20世纪五六十年代,本田携摩托车进入美国市场时,使用的广告语是"YOU MEET THE

NICEST PEOPLE ON A HONDA",意思是"骑上本田摩托车,你会遇见最好(the nicest)的人"。这句广告语让美国人大笑不止,因为那些骑哈雷戴维森摩托车的人一点也不想变好(nice)。他们自负于自己的气概,嘲笑着本田。

可众所周知,哈雷戴维森在20年、30年后濒临破产,本田却发展势头良好,现在还是全世界最大的摩托车制造商。

"价格竞争"不可取

无论日本人出于什么理由,他们已经学会利用高品质和价格战,粉碎了美国的各个产业,铝生产制造、钢铁、摩托车、汽车……

现在日本也有人提出,可以稍微降低对品质的要求来提高生产力。的确,日本的劳动力减少,国家债务增加,维持品质的精力在下降,曾经击败美国厂商的电视行业如今已被三星和海尔压制,连人工智能开发领域也落后于美国和中国,实在令人惋惜。即便如此，日本也决不能自己舍弃世界一流的品质。

牺牲品质的确可以降低价格，**但历史上没有一家公司仅凭低价就能长久维持下去**。大多数消费者还是追求高品质的商品。家境拮据时可能会买些低价商品，但那不是长久之计。

本田进军美国摩托车市场时，顾客并非仅限于富人。虽然本田的摩托车并不便宜，但相对它的品质来说，价格还算合理，因此中等收入人群甚至低收入人群也会购买。丰田在美国市场也是如此，而且是中等收入人群和低收入人群开始购买丰田，高收入人群则还在买通用汽车公司的凯迪拉克。后来的结果大家都知道了，通用汽车公司破产了。**低收入人群会成为本田、丰田和索尼最开始的顾客，是因为他们都知道这些品牌质量好**。之后，其他人才渐渐都开始购买。最后，丰田和索尼才开始涨价。

如果降低产品品质和价格，公司最终会走向灭亡。品质降低后，和其他产品的区别减小，最后只好被价格战逼到降价。

资金流向

价格之争下的"日不落帝国"

历史已经告诉我们，价格战最终只会带来灭亡。19世纪30年代，大英帝国经历了前所未有的经济增长。甚至有一段时期，全世界超过一半的机器都集中在英国中部工业区，那里无所不有。

20至30年后，美国干脆地夺走了英国的王座。美国的一切商品都比英国便宜，因此服饰、鞋包等各个厂家都转移去了美国北部。

之后，美国南部的南卡罗来纳州声称自己的生产成本更低，所有工厂又从北部转移到了南部。然后转移去了日本、中国，现在到了越南和柬埔寨。

历史的发展总是如此，哪里有廉价的生产力，就会有更廉价的地方出现。 中国、越南、柬埔寨的经历都是如此。

另外，高级珠宝品牌卡地亚自1847年诞生以来，顾客遍布全球。1926年创立的梅赛德斯奔驰也因为能够保证产品质量不下跌，才得以维持经营。日本也应该重新拾起"品质全球第一"的骄傲。

日本优势之二：可信赖的国民性

日本第二点优势就是日本的井然有序，具体而言就是大部分日本人工作都非常认真。

我第一次去日本是在 20 世纪 80 年代。尽管我从 70 年代起就想在日本投资，却直到 80 年代才踏足日本。当时我对日本的印象就是日本人工作太拼命了，这一印象深刻到我现在都记得。

无论我提出什么要求，日本人都会回答我"好的"。**他们在否定自己能力之前，都会先回答"我来完成""我能做"。按照世界标准来看的确令人难以置信。**

有次我去海关的时候，工作人员应该已经下班了。要是在美国，对方肯定早就让我明天再来了，但日本的工作人员还在为我服务。那次我还涉及额外付钱的问题，即便如此，工作人员还是没有像我在美国遭遇的那样赶我走，而是答应我的要求。正因为大家都认真工作，日本才如此井然有序。

日本的百货店也是，到了打烊时间，店员说的是"请不要着急，您可以继续购物"，而其他国家的店员说的是"商店已经关门了，店员也要下班了"。**这种认真工作的态度在世界上每一位成功的创业者身上都能看到。**踏踏实实去做，努力获得成功。

日本优势之三：高储蓄率

日本的第三点优势就是极高的储蓄率。

战后，日本的工资水平降至冰点。因此，日本人才会忧心未来，热衷储蓄。如今日本的储蓄率依然非常高，根据世界经济合作与发展组织的统计显示，尽管日本人的储蓄率下滑曾引起一番讨论，但这是由于人口老龄化严重，年青一代日本人的储蓄观念改变引起的。**先有储蓄，才能投资，这是经济的基本原理。**在实体经济中，储蓄就等于投资。经济增长需要资金，投资才能增加资金。

日本的储蓄率世界第一，这些储蓄在"二战"

之后注入投资，发挥了极大的作用。银行将个人储蓄不断用于投资企业设备，其投资回报率在当时不可小觑。"二战"后15年，日本的固定资本形成总额比率比欧美主要国家都高（固定资本形成总额是指政府及民间资本投资的固定资产总额，包括基础设施建设、建筑工程、住房建设、设备投资等）。之后，日本经济高速增长，速度几乎是其他国家的两倍，成为全世界发展最快的国家（见表3）。这一成果令人惊叹不已。

令人遗憾的是，日本现在已经不像美国和英国那样积极投资了（见图6和图7）。不知为何，日本政府现在颁布的各项政策都对投资者不利，导致许多日本人将钱带出日本，投资到回报更丰厚的国家。毕竟就算继续在日本投资，也没有什么收益。日本政府的愚蠢政策只会逼走热衷储蓄和投资的高收入人群，导致本国经济走向破灭。如今，全世界的资产都从西欧各国向亚洲转移，其中只有日本落在了后面，现在想来并非全无道理。

资金流向

表3 巨额投资与极高的投资回报率促成日本经济高度增长

	实际国民生产总值（GNP）增长率（%）		固定资本形成总额比率（%）	
	1964—1968年	1969—1973年	1964—1968年	1969—1973年
日本（财政年度）	10.2	9.1	30.0	36.5
加拿大	5.8	4.8	22.6	21.4
美国	5.2	3.0	16.9	17.1
澳大利亚	5.5	4.3	26.9	26.3
奥地利	4.3	6.6	27.8	29.1
比利时	4.4	5.5	22.0	20.8
丹麦	4.9	5.3	22.5	23.5
法国	5.3	6.1	24.8	26.4
联邦德国	4.3	4.9	25.7	26.3
意大利	5.1	3.9	17.8	19.7
荷兰	5.7	5.4	25.4	24.9
英国	3.1	1.9	19.0	19.6

注：1. 该表根据日本内阁府发布的经济白皮书、1975年（昭和50年）年度经济报告制作而成，数据来源为世界经济合作与发展组织（OECD）发布的《经合组织成员国国民核算（National Accounts）》（1961—1973年）和日本经济企划厅发布的《国民收入统计年报》。

2. 实际国民生产总值增长率结合五年内的数据，采用复利计算法得出，固定资本形成总额比率为各年的平均值。

第二章　隐藏巨大可能性的日本

（各国家庭金融资产构成比率）

	美国	英国	日本（2015年）
其他	25.8	5.2	3.9
现金和存款	13.7	24.4	51.9
保险和退休金	31.4	58.8	29.3
股票投资信托	29.0	11.6	14.9

图6　日本人在配置资产时偏好现金和储蓄

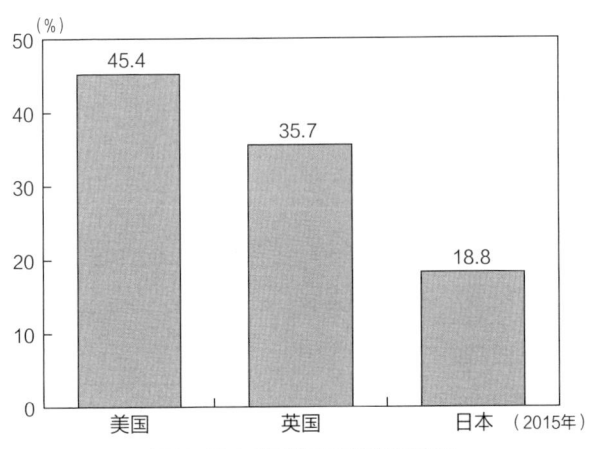

国家	比率(%)
美国	45.4
英国	35.7
日本（2015年）	18.8

图7　日本的投资率低于美国半数

注：已包括退休金、保险等间接投资。图6和图7根据日本金融厅《2015年度（平成27年）金融报告》制作而成。

资金流向

如果我做日本内阁总理

如果让我当日本内阁总理，我首先要做以下三件事：大幅削减财政支出、促进贸易发展、接受移民。

① 大幅削减财政支出

2018 年，日本的一般预算支出（政府预算支出）约 98 万亿亿日元。除去新发行国债额，政府收入约 65 万亿亿日元。财政支出远超过财政收入。其中，财政支出中约 34% 为社会保障支出，约 16% 为地方交付税交付金（译者注：日本税收制度中用来调整地方经济的财政管理方式），约 6% 为公共服务（见图 8）。**其中，我认为公共服务方面的投入远超日本所需。如果我做日本内阁总理，我会大幅削减财政支出。**

② 降低关税与开放国境

其次就是促进贸易发展。降低关税、进一步对外开放、促进自由贸易发展。日本的产业深受国家

第二章 隐藏巨大可能性的日本

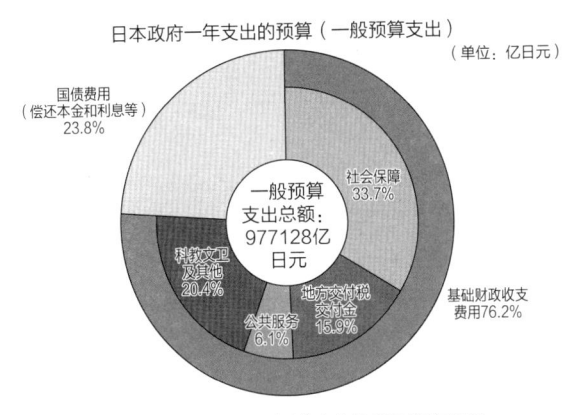

日本政府一年支出的预算（一般预算支出）

（单位：亿日元）

- 国债费用（偿还本金和利息等）23.8%
- 社会保障 33.7%
- 科教文卫及其他 20.4%
- 公共服务 6.1%
- 地方交付税交付金 15.9%
- 基础财政收支费用 76.2%

一般预算支出总额：977128亿日元

除去新发行国债额，财政收入约为65万亿亿日元

- 公共债券（特殊公债和建设公债）34.5%
- 其他收入 5.1%
- 税收及印花税（个人所得税、公司税、消费税等）60.5%

一般预算收入总额：977128亿日元

图8　日本政府的收入与支出

* 基础财政收支费用是指政府支出减去国债费用的部分，是表示当年度政策性费用的指标。

* 一般支出为基础财政收支费用减去地方交付税交付金的部分，为588958亿日元（60.3%）。社会保障费用占一般支出的56.0%。

注：由于计算时采取四舍五入的算法，余数相加可能和总数不一致。该图根据日本财务省网站制作而成。

保护，农产品和制造业产品的贸易壁垒极高。"二战"后，日本实行"贸易立国"政策，靠着与世界各国的贸易往来才恢复了经济发展。由此可见，贸易保护主义毫无益处。

③谨慎接受移民

我已经再三强调过，只有接受移民，才能拯救少子老龄化的日本，**但接受移民的方法需要慎之又慎**，必须控制数量，避免一次性接受大量移民。

如果像我之前提到过的德国和新加坡那样突然接受移民，反而会引起国民的反感，毕竟日本人本身就比较排外。

要是可以再加上一条，我觉得**日本需要投入更多资金来培养工程师**。现在中国的工程师数量是日本的 15 倍。各位应该听过百度、阿里巴巴、腾讯、华为这四家公司的大名，它们获得如今的成就与优秀的工程师密不可分。

培养工程师时，必须要将国家资金切实用在有才能和有上进心的人身上。像我这种不适合也不想当工程师的人，就算有人资助也毫无意义。在中国，

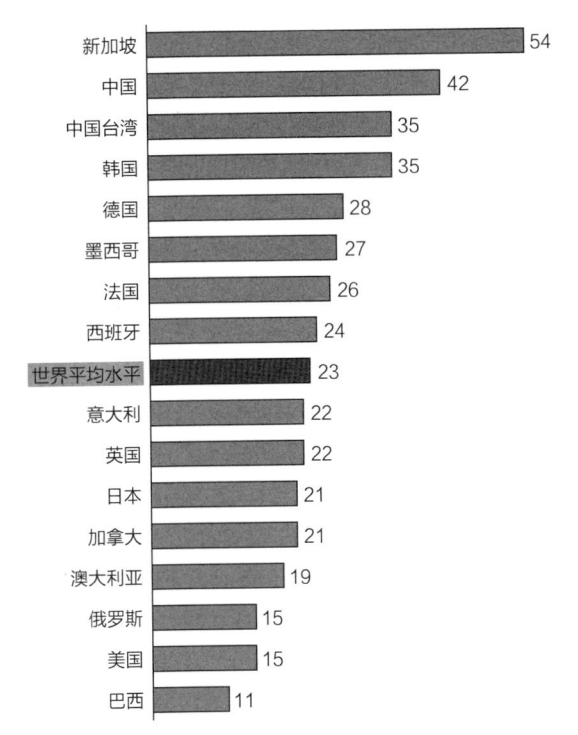

2008年毕业的全部大学生中，科学、技术、工程、数学（STEM领域）专业毕业的学生所占比率（%）

国家/地区	比率（%）
新加坡	54
中国	42
中国台湾	35
韩国	35
德国	28
墨西哥	27
法国	26
西班牙	24
世界平均水平	23
意大利	22
英国	22
日本	21
加拿大	21
澳大利亚	19
俄罗斯	15
美国	15
巴西	11

图9　世界各国理工科专业学生所占比率差距很大

注：STEM领域是指物理、化学、生物等科学领域、数学、计算机技术、建筑学及工程学等。该图选自美国国家科学基金会发布的《科学及工程学指标2012年版》，调查目标国家与地区大学生取得的第一学位情况，均为2008年以后最新数据。数据来源为新加坡统计局，内容由麦肯锡全球研究院分析得出，参见《麦肯锡说，未来20年大机遇》第285页。

成为工程师以后，未来就有了保障。因此有才华的年轻人都想当工程师，所以中国才诞生出许多优秀的工程师，形成良性循环。

在美国，更多的人想成为律师和医生，这样收入比较高。所以就算有人适合当工程师，也会转向律师和医生。**关键在于要让年轻人认识到，成为工程师以后可以获得丰厚的收入。**而其中最重要的部分就是教育。

在美国的学校，全校师生每天早上都要对美国国旗宣誓、高唱美国国歌。就是为了让学生觉得美国是一个美好的国家，身为美国人是最值得骄傲的事情。从学生进入小学时，就开展这些工作了。

我学到的美国史、世界史都来自这种美式教育。第一次去中国的时候，其实我内心非常害怕。美国对中国的宣传大多数都与现实背道而驰。等我真正到了中国，才发现完全不是如此。不仅是美国，日本、韩国、中国都有自己独特的教育体系。

回到原来的话题，教育拥有教化国民思想的重大力量，而"成为工程师以后就能获得丰厚的收入"

又绝非错误观点,所以更应该在孩子小的时候就向他们灌输,让他们认为工程师是个前途光明的职业。

如果我现在是个 40 岁的日本人

我在这章的开始部分说过:"如果我是个 10 岁的日本人,我会选择买一把 AK47(自动步枪),或者立刻离开日本。"但如果我是个 40 岁的日本人,如今可能很难立刻就离开日本。

那么还可以做的事情就是,**购买农场**。现在日本的农田和农场都很便宜,没什么人想买。所以才要尽力找寻便宜的农场,聘请农业人才。现在就雇佣外国劳动力或许为时过早,但还可以找身体好的中年人来工作。六十几岁的中年人退休后,体力和脑力依旧可以胜任一些工作,找这些人来农场也可以。

或者购入古民居,将其改造成民宿。如果我来做这件事,我会全部雇用外国人。不仅劳动力方面有保障,还可以**开展教育产业**。招聘过程不会太难。

资金流向

韩国、中国、印度等国家大学数量不足，而日本的大学供大于求，因此很容易从这些大学数量远低于人口需求的国家募集到学生。等招聘到这些学生以后，就可以在日本的大学里为他们提供教育。

因此，**要想在逆风前进的日本生存下去，就一定要踏足涉及海外的产业**，因此需要多关注日本以及其他亚洲各国所处的世界形势。

第三章 不容忽视的大国——美国、俄罗斯、印度

资金流向

　　预测东亚经济的未来时,有几个大国无论怎样也无法忽视,那就是围绕在东亚附近的美国、俄罗斯和印度。吉姆·罗杰斯这位"投资之神"将在本书中对此展开分析。

　　"一帆风顺的美国经济总有一天会迎来悲剧;如果一辈子只能去一个国家,就应该去印度;俄罗斯值得投资。"这些预测的背景究竟是什么?在本章的最后,我们能捕捉到他的投资策略吗?

美国经济增长趋缓后的世界格局

中美贸易战的恶果

美国股票只有部分著名 IT 企业保持上涨

谈到国际形势，美国毋庸置疑是一个绕不开的话题。尽管美国如今正走向衰退，但它依旧是世界第一的经济大国，美元也依然是世界关键货币。这一状况今后短期内不会改变。

截至 2018 年底，美国股票已经达到最高点，原因在于资金流通的便利以及特朗普政府公布的减税政策。无论传出怎样糟糕的新闻，如今的美国股市都会持续上升。但当前发生的情况其实全都是"噪声"，总有一天，这些"噪声"将会全部消失。2019

资金流向

年的股市发展动向如今已基本定型。**2020年之前，美国股市的上升趋势终会在某个时间点结束，美国将遭受巨大打击。**

股市里的"噪声"是由股市上行过程中持续的不平衡状态引起的。**在美国股市中，保持上涨的只有FAANG（脸书Facebook、苹果Apple、亚马逊Amazon、网飞Netflix、谷歌Google）的股票而已。**如果不是因为这些高科技公司的股票上涨，道琼斯工业平均指数、标准普尔500指数、斯纳达克综合指数等股价指数也不会创下历史最高纪录（见图13）。一小部分股票价格的持续上涨带动主要股价指数上升，其实属于异常现象，这种状况不会持续下去。

在特朗普政权下的美国，保护主义政策大行其道。而历史上没有一个国家在保护主义政策引发的贸易战中胜出，所有国家都遭受了损失。

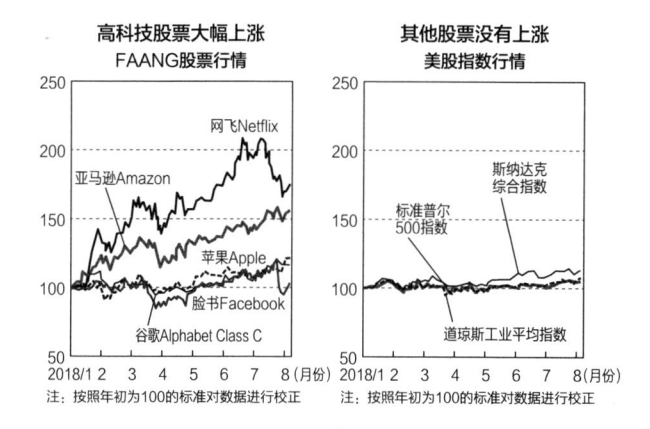

图13 美国股市上涨的原因仅来自部分高估值企业

20世纪20年代美国关税法的悲剧

从历史角度来看，贸易战引发悲剧的案例数不胜数，我就举一个最典型的例子。

1929年，美国股票市场突然形势大好，可以说是有史以来最好的10年。当时，美国议会打算签署一部关税法，关税额度极高。以至于大约2000位经济学家在报纸上表示关税对美国经济有百害而无一利，反对签署关税法，可以说几乎全美国的经济学

资金流向

家都出动了。但议会最终还是通过了关税法案，总统也签署同意。

就在那时，股票市场一落千丈。20世纪30年代的世界大萧条引发了巨大影响，之后还爆发了第二次世界大战，世界经济陷入混乱。**所有的一切都是从1929年美国引发大规模贸易战开始的。**

尽管如此，特朗普还认为贸易战是正确的行为，并对美国的胜出势在必得。难道就没有人告诉过他，历史上贸易战从未有过好的结局吗？或许特朗普觉得自己比历史上的人更聪明，可以掌控历史，也许还会说："不用担心，我可是唐纳德·特朗普，肯定能打赢贸易战，对美国的将来也有好处。"

也有人认为特朗普的政策只是为了提高支持率而做戏，但无论是不是做戏，他的言论和行为都是错误的。

贸易战影响下的商品（日用品）

现在，特朗普的支持者正因为他的原因蒙受损失。美国是全世界最大的大豆生产国,大豆产量的57%都要出口到中国。对美国的大豆生产者来说,中国是极为重要的客户。但由于特朗普引发了贸易战,中国将美国大豆的关税提高了25%,同时进口墨西哥的大豆。导致美国大豆的价格在2018年4月至8月下降了22%。

种植大豆的都是农民,而特朗普的支持者据说大多数都是农民,他们当然会提出质疑,毕竟最重要的客户突然表示不需要他们的产品了。所以特朗普的敌人在国内也开始出现。

钢铁产业也是如此。美国钢铁的价格现在提高了5%~10%,美国历史最悠久的钢铁厂2018年的营业利润预计能提升至前一年的3倍,这是特朗普对国内3万钢铁行业从业者保护的结果。但购买钢铁制品,也就是汽车、洗衣机等产品的国民在美国超过3亿人。**为了保护少数劳动者,整个美国的物价都上涨了。**

资金流向

真正的贸易战何时打响？

这也是贸易战绝对不会成功的原因之一。毕竟，贸易战保护了少数劳动者的利益，却让更多的人遭受损失。绝大多数人都意识不到这一点，也不会考虑这些问题。面对物价上涨，他们也察觉不到这是特朗普为了保护少数劳动者而施展的计策。苹果的产品在中国制造，要是他们开始涨价，可能就会有更多的人发现问题了，尽管可能还需要一段时间。

政治家总是在历史问题上犯错。无论是日本的政治家，还是美国的政治家都是如此。如果一切像他们说的那么简单，我们所有人都能轻轻松松地获得财富和名誉。所以，决不能被他们的花言巧语所欺骗。

等到形势开始恶化，特朗普可能要真刀真枪地发起贸易战了，毕竟他一直鼓吹贸易战的好处。特朗普就任时，有人已经认识到贸易战一文不值，但他们已经不在权力中心了。现在留下来的人都认为贸易战意义重大，美国必将获胜。尽管贸易战真正开始后，已经出现了各种各样的问题。

美国的股价现阶段还会继续上涨，但 2020 年以后，将逐渐开始下滑，特朗普可能会将此归咎于日本人、韩国人和中国人，毕竟他碰到任何问题都会把责任推卸给别人。贸易战爆发后，全世界的证券市场将会趋向熊市（空头市场），经济状况也会愈加严峻。如果继续糟糕下去，可能特朗普总统会认为贸易战应当更激烈一些才能解决问题，但这种想法是完全错误的。

那么贸易战能带来什么好处吗？有句谚语叫作"天下没有绝对的坏事"，凡事有弊必有利。

中美贸易战正式打响后，首先受益的就是俄罗斯的农业。现在全世界的农业都处于水深火热之中，只有俄罗斯的农业繁荣兴旺。美国对俄罗斯农业进行制裁后，俄罗斯便无法依赖进口，干脆自给自足。这样一来内需扩大，俄罗斯国内的农业发展愈加前途无量。

除此之外，还有枪支制造产业。当发生严峻的经济问题时，容易引起排外情绪。可能会有政治家利用这个机会煽动国民，抹黑外国人，鼓动国民起来对抗外国人。被蛊惑的国民可能会为了和外国人战斗，产生购买枪支的需求，并继续花钱自卫。

印度的经济

"一生该去看一次的地方"

一个充满魅力的国家,但距离"大国"依然遥远

除了美国,印度也是个让人无法避而不谈的国家。

印度与中国长期以来因为领土问题存在争端,近来在经济领域却表现出明显的合作态势。

中国可能总有一天会引领世界,但我却很难想象出印度繁荣的景象。

印度的官僚制度可能是全世界最糟糕的,印度人使用的语言有几百种,民族宗教团体也多。1947年,英国宣布印度独立,但印度距离成为一个国家还有很长的路要走。

即便如此,印度也是一个值得一去的地方。美丽的自然风光、多样的语言和宗教,在路上走走便能大饱眼福。印度无论男女都容貌端正、聪明睿智,当然也有不少事业有成的亿万富翁。

如果一辈子只能去一个国家,就应该去印度。我从未见过这样的国家。

关注俄罗斯经济

众人敬而远之处蕴含着真正的商机

投资俄罗斯的目标

接下来最重要的国家就是俄罗斯了。我无论如何也很难理解,为什么许多人如此轻视这个国家。我直到四年前为止都对俄罗斯报以悲观的态度,但最近却改变了想法,乐观地在各个行业大量投资。

我在俄罗斯股市持有的是肥料行业的股票。俄罗斯农业繁荣的一个原因是政府遭到了经济制裁。国家无法自由进口粮食,只能自己培养,农业由此繁荣起来。农业一繁荣,肥料的需求自然也会增加,所以我投资了肥料行业。

除此以外，我还持有俄罗斯航空公司的股票。航空产业在俄罗斯还不成熟，这类公司在俄罗斯也有很多。我还持有了**俄罗斯的交易所交易型基金"iShares MSCI Russia ETF（代号 ERUS）"**。俄罗斯的证券交易所仅有约30年的历史，还是个新兴领域。由于体系尚未健全，基本没有多少海外投资者涉足。俄罗斯股票市场指数目前的状态与2008年记载的最高点相比减少了一半，正是投资的好时机。

目前最适合买国债的国家

俄罗斯目前有一点值得关注，那就是债务较少。我也持有俄罗斯的国债，但基本上都是短期国债，毕竟手续较为简单。尽管俄罗斯的长期国债赚得更多，然而短期国债容易购买、利息高、收益基本上差不多，还不用花费太多精力。我是个懒惰的投资者，愿意选择不用费心的投资手段。长期国债未来可能变动较大，赚得也许更多，但相应地也更花费心思。

我觉得现在还值得买国债的国家只有俄罗斯了。 如今世界各国的利率情况都不算太好,俄罗斯相对来说还有优势(截至 2018 年 11 月,俄罗斯的利率为 7.5%),而且没有滑落的倾向。现在各个国家的利率都下降到了有史以来最低点,实在令人感慨。

美国的债券市场在过去的三五年内一直处于上涨趋势,但接下来的三五年内持续上涨的可能性很低,其他国家的国债也是如此。因此,**2019 年以后,购买俄罗斯以外国家的债券实在算不上明智之举。**

俄罗斯加大远东开发的可能性

现在,普京总统在海参崴投入了大量资金加大远东地区的开发。1997 年以来,俄罗斯每年都会在圣彼得堡召开全国最大规模的国际经济会议——圣彼得堡国际经济论坛。从 2015 年起,普京总统在海参崴也召开了类似的"东方经济论坛",旨在吸引外国资本投入俄罗斯远东地区的开发,论坛聚集了世界各地的参与者。论坛每年9月举办，2018年我也参加了。当然，普京总统也在现场。

普京总统似乎有意在海参崴建设一所更大的大学。目前海参崴的远东联邦大学已经是远东地区较大的综合性大学之一了，但那所新的大学据说规模更大，就算达不到牛津大学的水准，至少也会是俄罗斯国内规模最大的大学。

我以前骑摩托车两度横跨俄罗斯时，地面上基本没有什么道路，但现在到处都铺设着高速公路和桥梁，这些全都是普京总统下令建成的。

现在，全世界有好几座城市正处于即将腾飞的阶段，海参崴就是其中之一。 我真正想去海参崴的原因还是想目睹这座未来可期的城市。

如今，西伯利亚充满机遇。尤其在中俄边境附近，自然资源极为丰富，100年前就建设了铁路。

不要被媒体对俄罗斯的负面宣传欺骗

虽然我不讨厌俄罗斯，但对俄罗斯持负面看法的人有很多，这全都要归咎于欧洲和美国的宣传。这些政治宣传非常成功。比如从2014年持续至今的乌克兰内战中，我认为导致乌克兰政府和乌克兰东部亲俄势力冲突恶化的罪魁祸首就是美国的军事干预。但美国对自己扰乱乌克兰局势的做法绝口不提，将一切错误都推给俄罗斯，许多人也的确这么认为。

俄罗斯从2014年开始就一直遭受着欧美各国的经济制裁。2017—2018年，美国对俄罗斯的经济制裁力度进一步增强。俄罗斯由于向叙利亚阿萨德政权提供武器遭到批判，特朗普总统甚至在推特上威胁俄罗斯让其做好准备，表示美国将向叙利亚发射导弹。同时，俄罗斯股价在几个小时内滑落12%，引发一片混乱。

从短期来看，经济制裁或许可以给予对手一定程度上的打击，但最终依然没有效果。就算施以制裁，对方也会想办法避免遭受损失。

俄罗斯的农业反而因为经济制裁的关系形势大好。由于没有办法向美国出口、从美国进口商品，国内需求成为重点，俄罗斯借此改善经济形势，美国实在令人觉得好笑。美国想重创俄罗斯,结果反而振兴了俄罗斯,尤其是俄罗斯的农业。

如今,莫斯科机场有很多中国人,莫斯科市中心的红场也有很多中国人。五年前还几乎见不到这种场景,而现在中国与俄罗斯的关系越来越紧密。**可能特朗普越打击俄罗斯,中国与俄罗斯的距离就越近。**

俄罗斯的股价受原油价格影响非常大。由于俄罗斯的收入大多来源于石油,石油价格下跌将对俄罗斯造成惨重影响。

还有其他例子能够证明,一个国家的股价会被仅仅一种、两种或三种产品的价格所掌控。比如棉花的股价与巴基斯坦的股价密切相关,因为棉花是巴基斯坦出口商品中比例最大的商品。棉花的股价越高,巴基斯坦的股票形势越好。赞比亚则很大程度上依赖铜,所以购买铜相关的股票就购买赞比亚的股票。石油虽然不是俄罗斯唯一的产品,但在俄罗斯的股票中的确占有非常重要的地位。沙特阿拉伯也是如此。

所以有人说，与其投资俄罗斯，不如投资石油，这样更简单。我不否认这个观点。我投资俄罗斯股票的原因是，关注的人少导致价格便宜，还有就是国家的债务少。

我第一次去俄罗斯是在 1966 年，我还记得当时我对俄罗斯的印象非常差。自那之后过去了大约 50 年，我对俄罗斯依旧报以悲观的态度。

但在 2014 年时，我的想法改变了。国家发生了变化，我的态度自然随之变化，现在我对俄罗斯很是看好。此外，还有津巴布韦、委内瑞拉和土耳其。

第四章
紧跟大时代步伐，把握经济大趋势

资金流向

　　如果说前面的章节描绘了一幅不断变化的世界经济概览图，本章节将更加具体地回答，我们今后应当何去何从？吉姆·罗杰斯涉足投资界半个世纪，也有过破产经历，但他的投资哲理非常简单。要想成功，就要投资自己熟悉的领域。赚钱后首先要去沙滩上享受一下……

　　本章还将讲述现在世界经济中的资金流动、目前可以投资的方向、今后必备的实用技能等可以帮助我们在未来生存下去的知识。

投资有风险也有秘诀

无捷径可寻，但钱生钱暗藏玄机

不轻易接受他人的忠告

在投资者之中，不乏一大早就去查看股票市场情况的人，也有紧跟时事新闻的人。50年以前，大多数投资者都会简单翻一下报纸，打开收音机和电视获取信息。

我则是通过邮件。早上起来先打开邮件，看看有没有发生什么大事。

许多投资者都有自己的投资网络，我却总是单打独斗，以后我应该也会保持这种作风。其实我和投资界的人来往不多，因为从我以前的经验来看，听从他人的建议基本上都会遭受损失。的确有人会收集并利用投资界的信息来投资，我却不是这种类型。所以我基本不和别人谈论投资的话题，也绝对不听从别人的建议。

同样，当别人向我请教具体应该投资哪只股票时，我也不会回答得太详细。我要是说了，对方说不定就会觉得这是我推荐的，不管怎样都会买。就算我胡编乱造一只股票的名字，对方也可能会稀里糊涂地就送上钱包。这种人无论是对我的建议，还是对报纸和其他人的言论都会照单全收，完全不经过大脑思考，实在愚蠢至极。

大约在24年以前，发生过这样一件事。我在一档电视节目中谈到墨西哥很有可能破产，所以我卖空了墨西哥的股票，并具体提到了"墨西哥基金"（Mexico Fund）这只股票的名称，表示我在纽约证券交易所卖空了它家的股票。果不其然，3周之后，墨西哥彻底破产，其货币墨西哥比索一落千丈。墨西哥接受了世界各国超过500亿美元的紧急援助。

不久之后，我再次在电视上谈到墨西哥破产问题时，一名观众却打电话来骂我。原来对方听到我在电视上提到了"墨西哥基金"的名称，便去买了这只股票。我说的明明是我卖空了股票，对方却连话都没有听清楚，也不调查一下这只股票，所以才会造成苦果。要是对方听清楚我说的内容卖空了股票，估计已经大赚一笔了。这类事情发生过很多次了，所以我从来不说具体的股票名称。

吉姆·罗杰斯式"信息获得法"

我的参考资料是普通人发来的邮件。看似日常的邮件中，隐藏着暗示业界动向和股价变动的信息。阅读这些邮件之后，我会仔细思考和调查，再付诸行动。

我也订阅了报纸。以前除了几份美国的报纸，我还会阅读英国、加拿大、日本等五个国家的报纸，现在就集中阅读两三个国家的了。当然，日本经济新闻我以前就一直订阅。

现在我还在读的其中一份报纸就是《金融时

报》。尽管日本经济新闻社已经收购了它，但我还是把它当作英国的报纸，也可以说是国际性的报纸来阅读。我订阅的报纸还有《海峡时报》《商业时报》等新加坡的经济类报纸。

我减少报纸订阅数量的原因是互联网的崛起。如今这个时代，上网就能读到全世界的新闻，尤其是国外发生的事件，上网查找更简单也更快捷。我也是在网络没有那么发达的时候才订阅五国报纸。

学历与成功不成正比

古往今来，人们极为重视教育和学历。我的观点也相同，至少对找工作有帮助。但取得高学历并不代表一定能获得成功。我的母校耶鲁大学和我留学时就读的牛津大学都是世界名校，但很少有人因为去了耶鲁和牛津就获得成功，这就是名校的现实。

我认识的牛津校友大多都会说自己正是因为去了牛津才功成名就，赚得盆满钵满，但**这个世界并**

不关心学历。尤其是从学校毕业、踏上社会之后,重要的不是毕业院校,而是工作能力。

我的两个女儿现在(2018年)分别是10岁和15岁,我已经和她们说清楚了:"在学校一定要努力学习,获得好成绩。但成绩好不代表以后就会成功,反而会有负面影响。"我告诉她们,最重要的是,**成绩好意味着可以选择自己想做的事情**。

在学校成绩差,想去东京大学读书也读不了。其实去不去东京大学都无所谓,这都取决于自己的选择,但成绩差便连选择的机会也没有。所以,好的成绩依然非常重要,教育也非常重要。接受良好的教育不一定成功,但教育的确可以提供众多将来必备的技能和选项。

选择正确的投资方法,实现"钱生钱"的梦想

两个女儿刚出生时,我送给她们的礼物是小猪储蓄罐。而且我还买了好几个送给她们,有的是存美元的,有的是存新加坡元的,不同货币用不同的

资金流向

储蓄罐。我绝对无意把她们培养成货币投机者，而是希望她们小时候就要知道，不仅要存自己所在国家的钱，还要存其他国家的货币。

投资就是花自己的钱，想全用掉也可以，但总有一天会后悔的。因为就算利息再低，存钱还是能赚钱的。

我从13岁起就开始打工了，自那之后也经常工作，当时赚到的钱都存在了银行。在阿拉巴马州一个仿佛被世界遗忘的小村庄里，其实赚不了多少钱，但存进银行就有利息，那就是我对储蓄最初的感受。我想让两个女儿也知道，将工作赚来的钱存起来还能赚钱。我认为，最好要在孩子十几岁的时候就告诉他们，勤劳和储蓄都可以增加收入。

另外，学会投资之后，就可以实现"钱生钱"。自己不工作的时候，钱也会自动坐在那里为你工作，听起来简直太棒了。当你在公园游玩、观看棒球比赛的时候，钱一直在工作。一旦投资，你的钱就一直在运转。如果操作得当，最终会比你赚的还多。这一过程并不简单，需要不断学习和调查才有可能实现。富裕之后，你自己将会感到满足，你的孩子和孙子将会幸福，你也会觉得国家变得更好了。**深思熟虑后准确地投资，钱就能自己生钱，这就是投资的有趣之处。**

我认为投资的另一个乐趣在于，投资股票时，人常常处于变幻莫测的旋涡之中。周围的一切每分钟、每小时都在不断变化，就像拼图的每块图案都在随时变换一样。这一切绝不简单，也绝对不可小觑，但却使我激动不已，因为我正在和全世界的人比拼智慧。

我小时候从未听说过华尔街和投资，但对世界上发生的事情却很感兴趣。大学毕业来到华尔街之后，发现可以凭借我最喜欢的事情——了解世界上发生了什么事而赚到钱，我瞬间被华尔街所吸引，随后投身于投资界。如果智利发生革命，铜的价格就会上涨，随之造成各种各样的影响。也就是说，当自己知道遥远的异国发生革命时，自己的行动也会发生变化。

可能你会觉得世界上发生什么都无所谓，南非发生了什么事情、中国发生了什么事情都与自己无关，但是，**无论你的职业是什么，世界上发生的任何事情最终都会影响到你的人生。**

要想成为成功的投资者，就要随时关注世界上发生的事件。这是投资的困难之处，也是有趣之处。

破产后领悟到的人生哲理
"伺机"有时比行动更重要

成功的一个必备条件

经常有人问我,投资的时候应该关注什么方面。这个问题复杂到可以写六本书了,并不是我说一句"答案就在37页"就能回答。

比如我关注的是公司经营者的为人如何、公司的财政状况如何、有没有借款、经营战略是否恰当、竞争对手有多少、公司的资产负债表怎样构成、政府对行业的看法如何、是否存在管制等。还有,不能只盯着桌上的材料,还要尽可能多地拜访其他人和企业,和他们的竞争对手也多聊聊。

想了解丰田，就要拜访它的对手日产和福特。但凡谈到竞争对手，人难免会多说几句，经常会有意想不到的收获。

在一个国家投资前，一定要亲自去一次，亲眼看一看当地的情况，还要详细调查这个国家的情况、稳定程度、居民生活的现状等。

需要探讨的方面有很多，包括人才、管理、行业，都需要有丰富的知识储备。我刚开始在华尔街工作的时候，一天拜访15家公司、一周去5个城市出差。我非但不觉得辛苦，反而乐在其中。

当然，投资还需要紧跟市场动向，比如最近人工智能的开发。人工智能在市场上究竟有没有用，如果有用，需要开发哪种人工智能，都需要耐着性子不断调查。

忍耐是我在生活中学会的美德之一。没有一所学校会教学生忍耐，只有自己在人生路上才能领悟到这一点。永远不要停下前进的脚步，这一信念我从进入耶鲁大学之后就一直牢记在心。

我实在算不上一个好学生，但我曾下定决心，在我无法继续学习之前，都不会停下学习的步伐。**能够获得成功的人绝对不会轻言放弃，尤其是做投资的人。**

大部分市场都处于较为混乱的状态，只有很少一部分人能赚钱，绝大多数投资者都会亏损。他们亏损的原因在于做出了错误的决策，这些错误的决策扰乱了市场。因此，坚持调查之后再投资的人，也就是做出正确决策的人才能把握住赚钱的机遇。所以，虽然市场最终会步入正轨，但如果每天都仔细观察，还是会发现它的混乱之处的。

投资尚无人问津的行业

如果能够轻易说出投资的关键之处，大家早就成了大富翁了。投资的方法在不同情况下也各不相同。电视和网络上到处充斥着成功学言论，但赚钱并非易事。成功学未免太过简单，可能会给所有人一种"我也能做到"的感觉，让人觉得自己也能创办一家亚马逊一样的大企业。世上哪有那么简单的事情？

如果让我说出一个成功的秘诀，那就是立刻购买无人问津的商品。

20世纪80年代，我在美国哥伦比亚大学经济学院执教时，听说奥地利将要扩大其证券交易所的规模。一个国家想要繁荣发展，就需要一个金融中心，建设多个证券交易所，促进国际金融交易的发展，但奥地利目前还没有这样的地方。因此政府才打算建设一个金融中心。

当时，奥地利的财政部长正好在纽约，我便立刻邀请他来到我的课堂。他在课堂上说："我们的确准备扩大证券交易所的规模，现在正处于加大投资、调整法令的阶段。"各个国家都会在税制上提供一些优惠措施来鼓励投资者多买股票、鼓励更多企业上市，奥地利正打算使用这些方法扩大金融交易的规模。

我立刻打电话给纽约最大的奥地利的银行分行长，表示我要在银行开户给奥地利的证券交易所投资。但对方的回答是："我们没有证券交易所。"听到对方的回复，我的内心激动不已。我慌忙道谢后挂了电话，然后又给旅行社打电话，告诉对方我想尽快去维也纳。

我知道维也纳有证券交易所，但纽约分行的行长却不知道，这说明全世界大部分人都还不知道。其实奥地利政府在提供优惠措施期间，一直在宣传自己国家的证券交易所，然而效果甚微，所以现在可以以极低的价格买到股票。正因为我发现了这一点，才迫切地飞到了维也纳。落地之后，我立刻开设了账户购买股票，不过我记得当时只有大约 25 只股票。

我与乔治·索罗斯在 1973 年创办的量子基金能够获利颇丰，也是因为投资了其他人尚未了解的方向。当时很少有人关注海外投资与卖空股票，我们却积极投入，因此才获得了传奇般的 4200% 的回报率。

许多人尚未听闻、政府还在采取优惠措施进行宣传——听起来容易，实际上这种机遇极为罕见。如果遇到还不立刻投资，就赶不上了。

所以，**如果朝鲜要开设证券交易所，就应该立刻去买朝鲜的股票**。问题在于，现在已经有很多人关注朝鲜，每个人都对朝鲜的证券交易所翘首以待。所以需要找到朝鲜以外没有人关注的国家。

我在上一章已经谈到，俄罗斯也是个值得投资的国家。全世界大部分人都对俄罗斯敬而远之，所以俄罗斯的股价较为便宜，不少人并不知道俄罗斯有股票市场，因此那里尚且隐藏着一些机遇。安倍首相有意与俄罗斯建立友好关系，一旦确立下来，一定能带来收益。

特朗普也有意与俄罗斯交好，无奈美国讨厌俄罗斯的人太多了，也有很多人的工作就是抹黑俄罗斯，还有一些反对俄罗斯的政治团体，特朗普不能与大多数人为敌。如果安倍首相能够想出办法，说不定比起美国，俄罗斯更愿意向日本敞开大门。

"静若处子"也是重要才能

当我在报纸或者网络上发现感兴趣的股票时，

我也不会立刻出手投资，而是进一步展开调查。至今为止，我也有过几次严重失误，都是因为投资前调查不够引起的。此后我便引以为戒，一定要调查充分再行动。

然而，也不能轻易断言花费多长时间调查就足够了，毕竟投资对象不同，需要调查的程度也不同。比如我最熟悉的行业是砂糖。我投资砂糖行业的股票已经有50年了，对这个行业非常了解，也有几个较为熟悉的国家。而面对新的行业、新的公司、新的国家，要想从零开始调查到一定程度，需要极高的成本，也面临着极高的风险。所以**最好要投资自己非常了解的行业和国家**。

如果没有非常了解的行业，最好不要投资。把钱存进银行，等到自己在某个行业拥有足够多的知识再投资比较明智。发生严重的通货膨胀时可能会受到波及，但把钱投资在可以产生利息的地方总比投资失误遭受巨大损失要好。

其实，等待也是投资者必备的资质之一。**投资者需要做的是，在大部分情况下都不要行动**。以前我对很多人都提过这个建议。

在某处发现商机时，做出准确的判断，便可以投资。但反过来说，在确定出现商机之前，绝对不要行动。许多人都认为投资需要时刻行动起来。他们经常关注股价、疲于奔命。这种做法其实是错误的。

还有很多人，包括我自己，都急于作出决定。我以前有过很多次因为过于超前于时代而失败的经历。所以，**必须在真正看到商机之前耐心等待**，直到全世界大多数人都意识到它。

获利之时是最容易失败之际

投资成功获利之时最需要注意，因为这时容易急着再大赚一笔。**赚完钱之后，最应该做的就是去沙滩上享受**。因为人很可能会被成功冲昏头脑，误以为自己很聪明、赚钱太简单，于是便急匆匆地再次投资，从而惨遭失败。

人在失败之时就会责怪他人。他们责怪经纪人，责怪电视上提出建议的权威人士，责怪网上的建议。但所有的失败都是他们自身造成的，是他们自己调查不充分才造成损失，根本没理由责怪其他人。

我已经说过很多遍了，要想成为一名成功的投资者，就不能听从他人的建议，所以最好只投资自己熟悉的领域。无论是体育、汽车还是时尚，每个人都有自己了解的领域。

有时你可能会有这种感觉，某位设计师或者百货店总是设计出我喜欢风格的服装，他们一定会成功。我自己对时尚完全不了解，但懂的人也许会察觉到。**当你觉得一个品牌可能会受欢迎时，那就是投资的开始。**生产了受欢迎的产品就能赚钱，大家都去买一种商品，公司也会赚钱。如此显而易见的道理很容易被人忽视，但投资就是从这些预感中诞生的。

不过，一旦发现商机，就要开始行动，也就是谨慎地调查之后再买下股票。许多人总是事后才开始在嘴上逞能，比如说"我 10 年前就看好那家公司""当时要是花 100 日元买下那家公司的股票，现

资金流向

在都变成 20 万日元了"等。但实际上，有资格说出自己早就看好那家公司的，只有真正花 100 日元买下股票然后赚了 20 万日元的人。没有实际行动，一切便毫无意义。

实施行动之后，安心睡觉就可以了，等到股价上涨可以出手的时候再卖掉。熟悉这个行业之后，自然而然就会知道什么时候是出手的时机。当你觉得这家公司发生改变，开始将重点从品质转向产量，**再也生产不出比以前更好的产品之后，就可以出手了。**

如果以前彻底调查过这个行业，就能捕捉到其中的变化，也能找准出手时机。我再重复一遍，重要的是不要被成功冲昏头脑，投资成功后躺在沙滩上享受就好。

资产翻三倍后五个月又破产让我学会了什么

我这么说的原因，就是我自己曾有过被成功冲昏头脑、遭受巨大损失的经历。

第四章 紧跟大时代步伐,把握经济大趋势

我在华尔街创业后不久,就取得了巨大成功。当周围人失去一切时,我用了五个月就让资产翻了三倍。我为自己的头脑沾沾自喜,但这却是大忌。五个月之后,我就破产了。

没有经验的时候获得巨款,很容易酿成大错。那时我才真正明白自己什么也不懂,市场远比我聪明,从而得到了教训。

我经常告诫他人,**投资失败后亏钱也不是什么坏事**。失败的人有很多,全世界最成功的人也曾失败过很多次。

但投资失败最好是在 25 岁的时候,要是 55 岁遭遇失败便很难挽回了。年轻时多失败几次可以学会很多,也能更了解这个社会。年轻人也尚有余力在失败后振作起来,重新迈向成功。

资金流向

人生不被经济变化左右的秘诀

投资渠道与必备技能

在世界金融危机中自保的最好方法

我在前文中已经提到,有史以来最严重的金融危机即将爆发。**要想在货币混乱与通货膨胀中自保,除了购买实体资产以外别无办法。**

第一次世界大战以后,德国发生了严重的通货膨胀。当时从中幸存下来的,只有投资不动产和股票的人。除了股票,还可以投资金银和邮票。有价值的邮票也是实体资产,也可以自保。无论时代怎么变化,道理都是相同的。

比如说最近的津巴布韦和委内瑞拉就是很好的

例子。在委内瑞拉，黄金价格暴涨。持有实体资产的人都"幸存"了下来。

阿根廷在过去的100年内破产了好几次，每次人们都会购买黄金自保。在土耳其，黄金价格暴涨，美元则没有涨幅。

在宽松的货币政策下，资金会流向实体资产，这是亘古不变的真理。

尤其是2008年雷曼冲击之后，金融产品的信用值已跌落谷底。**从全世界角度来看，投资方向正在从金融领域向实体产业转移。**矿工、石油工人、农民正在成为世界的中心。所以，自然资源丰富的市场也因为这股趋势繁荣起来。

正因为全世界都在印刷钞票，才应该购买实体资产。回顾历史，以往从未有过全世界都在降低本国货币价值的时代。纸币的价值越低，实体资产的价值自然就越高。

资金流向

未来必备的两大技能

如今，以日本为首，世界各国都在减少终身雇用制。日本现在已经没有多少公司可以提供终身雇用的福利了，因此人们需要学会一些特殊的技能。既可以去学校学习，也可以通过在社会中实践来学习。紧跟时代、学习新的技能真的非常重要。

我的母亲一直都不会写电子邮件，不过没什么关系，毕竟她已经80多岁了，她也说过不想学。但如果是正值四五十岁的青壮年，肯定需要与时俱进。现在已经没有国家会为不思进取的人提供终身雇佣的福利了。不仅在日本、韩国和中国，全世界都是如此。现代社会变化太快，如果不能跟上时代的浪潮，总有一天要受苦。

我建议年轻人多学外语。我最后悔的事情就是在年轻时没有学外语。**每多学一种语言，能够获得的信息量和内容就会发生极大的变化。** 我离开美国移居新加坡，也是为了让我的两个女儿成为以英语和中文为双母语的人。现在英语是全球通用语言，但我相信，将来总有一天中文将会占领全世界。我移居新加坡已经过了10年，现在两个女儿的中文水平已经和当地人一样流畅了。

今后，日本肯定会出现很多依靠海外市场发展的公司。**所以，学习外语对日本人来说更是必备事项。**已经会说英语的人可以学习一下西班牙语和中文，西班牙语和中文一样重要。学会之后，就可以听懂同为拉丁语系的意大利语和葡萄牙语了，而且拉丁美洲人口众多，拥有广阔的市场和商机。

日本年轻人该选择的四大移民国家

我建议大家可以出国居住一段时间。比起读书、上学，在国外生活能学到更多的知识。回到自己的国家时，会比以前更了解自己的国家。

如果我是日本的年轻人，我会选择去**韩国、中国、哥伦比亚或者越南**居住。

正如我在第二章中所说，中国发生了惊天动地的变化，韩国和哥伦比亚也同样如此。人们对哥伦比亚还停留在比较危险的印象里，其实并非如此。当年影响全世界的毒品战争中，相关人员要么已经死在战场上，要么已经进了监狱。哥伦比亚的气候适合大麻生长，医用大麻和工业大麻已经合法化，娱乐大麻在美国和加拿大多个省份也已合法化，也有其他国家陆续将大麻合法化。哥伦比亚等于毒品和危险的概念不过是政治宣传，现在那里已经相当发达了。

越南位于世界大国中国的国境线附近，也是个比较重要的国家。人口约9300万人，民族单一，国民勤劳。

可能有人会问，那么美国如何呢。美国是世界第一经济大国，股票也一路走高。但美国不在我的选项之中，因为它现在是全世界最大的债务国，未来值得担忧。

正如当年制霸全球的英国已然衰退一样，美国总有一天也会衰退。 现在十几岁的孩子在美国生活也许很幸福，等到50年、60年、70年之后就没有那么幸福了。很遗憾，日本也将面临同样的命运。我害怕过了50年后，日本人可能就从这个世界上消失了。

1907年获得诺贝尔文学奖的英国诗人鲁德亚德·吉卜林（Rudyard Kipling）写过一首诗《英国旗》（*The English Flag*），其中有这样一句话。

What should they know of England who only England know？

（只知道英国的人又了解英国什么呢？）也就是说，去过国外的人比没有离开过英国的人更了解英国。这句话不仅适用于英国，也适用于其他国家。出国可能多少需要一点勇气，但我敢断定，等以后回顾自己的人生时，这一定会是你人生中做过的最正确的决定。

# 第五章

资金与经济的未来发展形式

资金流向

以人工智能为代表的科技的进步，必然会导致经济和资金的流向发生变化。尤其是金融科技和无现金经济，将会直接改变我们的生活。伴随着这些变化，自然会出现衰退的产业以及新兴的产业。

此外，随着虚拟货币及其背后区块链技术的崛起，资金的流动状况近年来也大幅改变。

"投资之神"吉姆·罗杰斯是怎样看待未来的资金和经济形态的呢？本章将对未来的新型经济形态进行探讨。

受人工智能影响的产业

金融科技改变金融业

高盛交易员从 600 人锐减为 2 人的原因

踏入未知的世界听起来可能比较恐怖,但冒险可以丰富人生经历,最终成为珍贵的财富。

2018 年 6 月 21 日,我又踏入了一个新的世界,主导推出了人工智能驱动选股的交易所交易型基金"Rogers AI Global Macro ETF(代号 BIKR)"。

众所周知,许多投资者已经向金融科技行业转移。他们已经建立起计算机投资系统,希望由我来主导。这些人年轻又有才气,我自然不假思索就同意了。

其实我自己也不知道能否顺利进行,可能 10 年之后才会有结果。如果计算机系统能达到我们预期的效果，应该没有问题。

我对计算机领域不了解，但可以提供有关投资的建议以及过去积累的经验和知识。当我将自己的知识分享给人工智能后，它就可以代替我来投资了。

负责 BIKR 这支交易所交易型基金的员工都很年轻，人工智能技术相关的人员也很年轻。我们人类能做到的事情很有限，人工智能却可以轻易凌驾于人类的可能性之上，它们可以更快、更准确地完成更多的工作。总有一天，或许就在我的有生之年，人工智能代替人类的一天将会到来。

由于人工智能比人类更优秀，金融行业现在已经在进行裁员了。比如高盛集团纽约本部现货股票交易部门在 2000 年还配备了 600 名交易员，到了 2017 年已经减少到仅仅 2 人。

人工智能和区块链技术可能会导致现在的银行消失。银行本身可能还会存在，但如今银行的功能将全部转移至互联网。说得极端一点，现在日本的银行以后可能会变成养老院，只有跟不上新科技的老年人才会去实体店。全世界也将会出现同样的情况。

产业的换代升级

但不要因为人工智能的崛起就悲观地觉得人类没有用武之地了。既然有产业消失，自然也有产业兴起。从历史角度来看，旧产业淘汰的同时，就是新产业诞生的时机。电的发明导致很多人破产，却也有很多新的岗位涌现出来。铁路产业衰落时，汽车行业则兴起。

比如技术导向型产业就属于新兴产业。

亚马逊、脸书和谷歌可算是新兴产业的绝佳代表。亚马逊摧毁了很多产业，同时也为一些产业提供了岗位。个体户和零售商如今可以轻而易举地在网上开店，个人和企业都可以利用 AWS（亚马逊的云端服务系统）低价投资设备。

如果可以用人工智能驱动投资，大部分投资公司将被人工智能取代。相反，也就意味着能够自己

资金流向

调查并发现人工智能漏洞的人将迎来机遇,比如发现交易所交易型基金里遗漏的股票,等等。

交易所交易型基金就像是装有股票的篮子,面向整个市场投资就和一次性买多只股票的效果差不多。不用逐个研究每只股票,就能轻易地分散投资。如果没有时间和精力调查,就可以投资交易所交易型基金。我这个人比较懒惰,一直在寻找比较好的交易所交易型基金。

但交易所交易型基金会遗漏很多股票,它们的价格非常便宜,但却没有人注意到,连人工智能都会错过。如果有人愿意自己调查研究,一定会大获成功。

交易所交易型基金是否是最佳投资渠道

交易所交易型基金其实只有 30 年左右的历史,还是个年轻的金融产品。1990 年在加拿大多伦多证券交易所上市的 Toronto 35 Index Participation Fund(TIPS35)是全世界第一支交易所交易型基金。

现在大部分投资都集中在交易所交易型基金

上。2015年，交易所交易型产品（ETP），也就是交易所交易型基金和与其有关的交易所交易型商品（ETC）、交易所交易型债券（ETN）的营业资产额已经超过了原本主流的对冲基金（见图14）。这的确也可以理解，对冲基金的收益较高，相对本金也高，微小的变化就可能会造成极大的损失，而且近年来对冲基金的收益率持续下跌（见图15）。如今，全世界的经济状况都不稳定，本金要求较低的交易所交易型基金自然大受欢迎。

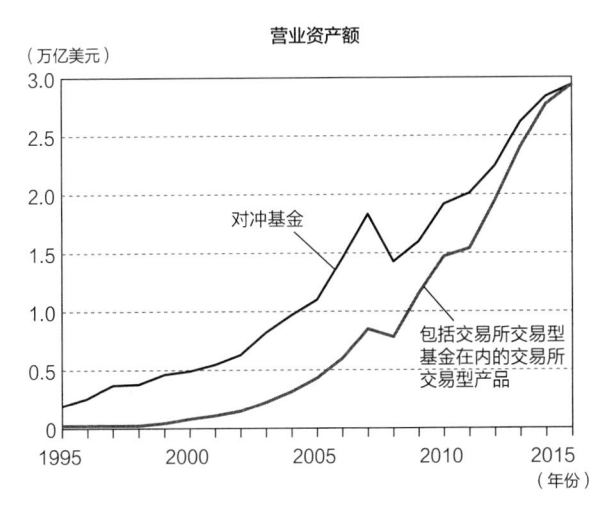

图14 交易所交易型基金的营业资产额超过对冲基金

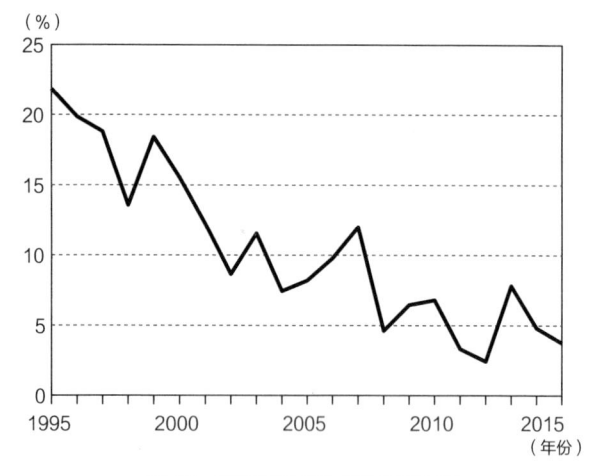

图 15　对冲基金的收益率持续下跌

注：该图根据《经济学人》周报 2015 年 8 月 1 日报道《投资基金强劲增长》制作而成。

但大量资金集中在交易所交易型基金的状态，**在今后股市看跌时可能会对交易所交易型基金产生破坏性的影响**。人在缺乏知识和自信时，会倾向于投资交易所交易型基金。如此一来，本就迫在眉睫的空头市场威力更大，因为当人们想要退出股票市场时，会同时卖出同样的产品。当人们卖出交易所交易型基金，被纳入交易所交易型基金的股票便会遭到毁灭性打击。

还有一点也要说清楚，**交易所交易型基金急剧上涨的同时，也会以同样的趋势急剧下滑**。尤其是2004年以后，全世界的交易所交易型产品不断增多，但2008年以后有不少已经清盘（见图16）。说是清盘，又和企业股票退市不太一样，而是交易所交易型基金的发行商不再进行核算，选择终止交易。不过，交易所交易型基金毕竟是一款年轻的产品，还是不太稳定。

未来应投资交易所交易基金以外的股票

如今，大量营业资产都集中在交易所交易型基金已然形成问题。但是，如果有人能在所有人都采取相同行动时，依靠自己的大脑花费时间来投资，一定能获得巨大收益。说实话，**聪明的投资者现在都在寻找没有进入交易所交易型基金的企业**。没有进入交易所交易型基金的企业由于脱离群体，其股票比那些已经进入交易所交易型基金的热门企业便宜得多。

资金流向

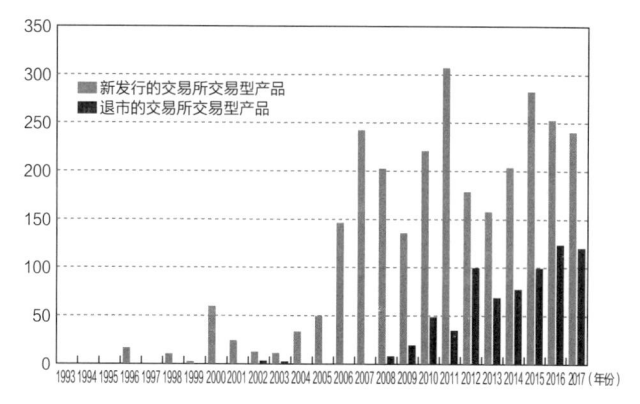

图16 交易所交易型基金、交易所交易型
产品相关的基金持续增加,但退市数量也多

注:该图根据"市场观察"网站2017年11月28日报道《一张图说明交易所交易型基金的增减》制作而成。

一旦经济衰退,大家就会卖出手中的交易所交易型基金。由于所有人同时出手,进入交易所交易型基金的企业股票下降得也最严重。而没有进入交易所交易型基金的企业股票虽然也会下滑,但降幅却没有那么大。

如果你打算开始投资,最好选择没有进入交易所交易型基金的公司股票。交易所交易型基金里有很多优秀的企业,所以才会包括亚马逊和阿里巴巴等。当然,我也不是阻止大家购买交易所交易型基金，只不过不在交易所交易型基金的公司股票更具有稀缺价值。许多人只投资交易所交易型基金，因为这样相对轻松，人工智能也容易找到。

正是在人工智能的时代，才要寻找人工智能找不到的事物，这才是通往成功的捷径。

资金流向

金钱格局的改变带来经济模式的转变

非现金经济重构后的势力格局

互联网和人工智能不仅在金融和投资领域有所作为，它们在各个方面都颠覆了我们的常识。人工智能已经在各个领域崭露头角，我们的孩子可能比我们更加了解它们。

我的两个女儿分别出生于 2003 年和 2008 年。等她们长大以后，应该已经不用亲自去银行了，她们的孩子就更不用了，**不用说银行，邮局和医院也不用去了，纸币有可能会消失**。因为一切金钱交易可能都会通过计算机完成，就不需要纸币了。

从世界范围内来看，韩国、中国、北欧斯堪的纳维亚各国的无现金化程度都很高。韩国的商业交易中，89% 的交易不使用现金结算。中国的无现金支付则占60%，瑞典约占49%，日本却不到20%（见图17）。

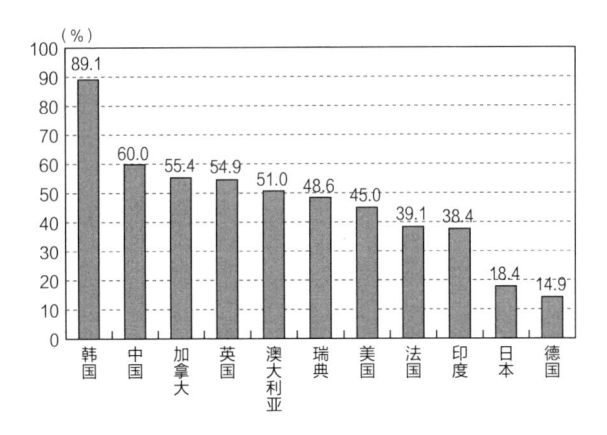

图17　各国无现金结算比例情况（2015年）

国家	比例（%）
韩国	89.1
中国	60.0
加拿大	55.4
英国	54.9
澳大利亚	51.0
瑞典	48.6
美国	45.0
法国	39.1
印度	38.4
日本	18.4
德国	14.9

注：数据来自世界银行"家庭最终消费支出（2015年）"及国际清算银行《统计红皮书（2015年）》年度支付金额的非现金手段支付数额，中国的数据为优于现金联盟报告中的参考值。图表根据日本经济产业省发布的《无现金化前景》（2018年4月）制作而成。

我最近去北京时，想用现金买冰激凌，19岁的店员表示拒收纸币。在现代的中国，钱不是纸质的人民币，而存在于手机之中。可笑的是，我既有现金也有手机，手机里却没有安装支付软件，导致我连买冰激凌的钱都付不了。截至2017年6月，**中国**

资金流向

城市地区手机支付的使用率达到了 98.3%。还在使用现金的只有外国游客了。最后，还是店员免费送了我一份冰激凌。要是我想买的是奔驰车或者宝石，那该怎么办呢？

非现金经济与各国的打算

无现金结算在全世界不断发展，各国政府都在积极推进，希望尽快让纸币退出市场。毕竟印刷纸币和生产货币都需要花费极高的成本，搬运和保护货币同样需要一大笔经费，而且在物理上控制金钱非常困难。假如我现在给某个人 100 万日元纸币，除了当事人以外没有人会知道。政府可不愿意坐视这类事情发生。

如果金钱交易全部都通过计算机来完成，政府就能完全掌握我们的行动了。你如果喝了太多咖啡、看了太多电影，政府都会知道。实在有些令人不适。

最后，政府终会发行自己的虚拟货币，强制

性要求国民使用。2018年2月，委内瑞拉政府已经发行了政府认证的虚拟货币"石油币"。如今，委内瑞拉正处于持续的恶性通货膨胀之中，政府应该也是为了应对它而发行虚拟货币的。我认为政府监管下的虚拟货币没有办法解决通货膨胀问题，但今后很可能还会出现这类虚拟的货币。

在中国、俄罗斯和巴西，出现了可以替代美元的虚拟货币。美元有主导国际贸易80年的历史和信用度，很难相信会有虚拟货币能代替如此强大的美元，但泰达币（USDT）这种能够与美元拥有同等价值的虚拟货币出现了。

100年以前，人们使用贝壳、黄金等任何有价值的物品作为货币，可以自由地进行物物交换。但在世界大萧条影响下的20世纪30年代，英国划定英镑区之后，世界经济便开始以英镑为中心。英国要求本土、自治领土和直属殖民地的居民必须使用中央银行发行的货币英镑，否则就以违法论处。导致人们不能继续使用贝壳和黄金，只能用政府发行的英镑进行交易。

资金流向

今后要投资的不是虚拟货币而是区块链

说到虚拟货币，日本政府早在 2016 年就率先认证了比特币。

可能有些已经在用比特币的人觉得自己比政府有头脑。话是没错，大多数的人都比政府聪明，但政府拥有权力。一旦政府反对，不允许使用虚拟货币，或者制定法律要求民众使用虚拟货币，无论多有头脑的人都要乖乖听从。

我认为比特币只是一场泡沫。我不知道比特币的合理价格，不过几年之前还不存在的货币价格以 100 倍、1000 倍的速度增长，这不是泡沫又是什么呢？比特币不可能长久地维持下去。就连沃伦·巴菲特（Warren E. Buffett）都曾断言："比特币不是投资，而是赌博，不会有收益。"有人奚落他已经落伍了，但那些没有他富有的人真的有资格批评他吗？

2018 年 10 月，比特币已经从最高点跌落了

60%~70%，从比特币兑美元价格的变化图表来看一目了然。直线上升以后，在2017年12月中旬又直线下滑（见图18），**其发展轨迹与历史上发生的大多数泡沫相同，所以我认为比特币很快就会消失。**虚拟货币的种类有很多，在几千种虚拟货币之中就算有一两种能留存下来，绝大部分也总有一天会消失，丧失价值。

今后如果要投资，与其投资比特币，不如投资与区块链相关的股票。**区块链与虚拟货币完全不同，是一种全新的技术，前途非常光明，将会给社会带来变革。**

最先引进区块链技术的应该是金融界，到时许多银行将会被淘汰。当然，银行业务相关的工作岗位也会逐渐被淘汰。之后，便会进入汽车和通信产业。最后，各行各业都会引入区块链技术。无论是学校测试、酒店预约、支付出租车车费，还是买冰激凌，都可以通过区块链技术完成，毕竟计算机的速度远比人类要快，而且能有效完成更多的工作。

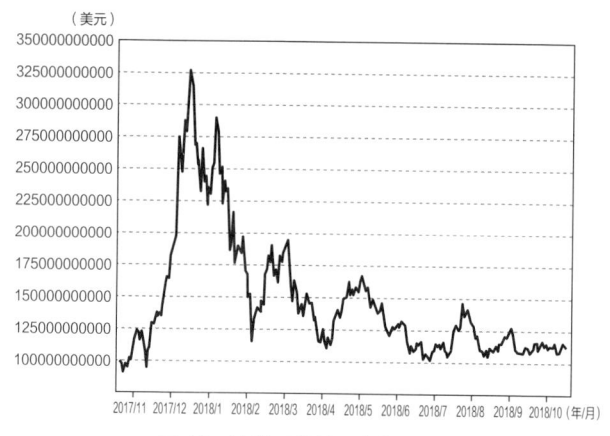

图 18　比特币兑美元价格走势图

注：该图根据 Blockchain 公司（Blockchain Luxembourg S.A）的数据制作而成。

区块链推动了哪个国家的发展

区块链产业将大幅推动非洲的发展。

非洲前几年还没有安装电话，就连欧美和亚洲以前使用的老式座机电话都没有广泛出现。但最近，手机突然在非洲普及起来。他们仿佛跳过了有线电话的阶段，直接进入了手机时代。在金融业也是如此，非洲可能还没有建设起银行、招聘到银行职员，就能直接使用区块链技术了。**在非洲，区块链技术不仅也会运用于金融业，在运输业等各行各业都会大显身手。**

如今，移动货币等金融产品已经在非洲推广开来。发达国家建造的基础设施以及科技完全可以开拓这片新市场，非洲的变化指日可待。

将比非洲更早受到影响的地方是东亚地区。东亚地区的工程师比非洲更多，区块链技术的发展更快，而且可能会能超过日本和美国的进程。我在前文中也提到，韩国和中国的无现金化发展迅速。韩国的无现金支付比例高达89%，中国则为60%，比欧美各国都要高。

我个人认为，现在正是寻找值得投资的人工智能和区块链技术相关股票的好时机。IBM、阿里巴巴和三星都已经着手研究区块链技术，但区块链在这些大企业中不属于极具影响力的主要业务。无论三星在区块链技术上的进展如何，都不会导致三星的股价急速上涨。所以我正在寻找的股票，

资金流向

是区块链技术能够影响全公司存亡的中小企业的股票。

21世纪第二个十年的后期是人工智能与区块链的时代

最近，全世界第一家金融科技银行创新及科技基金（ITF）在香港成立，我也参与了投资。如今它才刚刚起步，我很期待它今后的发展。究竟收益如何，还要等到30年后发展比较成熟的时候才能见分晓。计算机不是IBM发明的，而是由一个不为人知的小公司发明的，如今这家公司已经倒闭了。在计算机发展的黎明期，有几十家、几百家计算机公司，都是名不见经传的公司。从这群乌合之众之中脱颖而出的只有IBM，如今依然有名。

金融科技产业同样如此。现在全世界的金融科技公司有几十万家，我不知道最终会是哪家公司取得成果，估计也没有人知道。

可以断言的是，如今互联网、人工智能、区块链技术的地位举足轻重。50年以后，当历史学家回顾2018—2019年时，一定会将这段时间命名为人工智能的时代或者区块链技术的时代。

我们必须灵活应对时代的变化。

结　语

从固有观念中解放自我

我在这本书的最开始就不断重复学习历史的重要性。

我在美国耶鲁大学学习的是美国史和欧洲史，在英国牛津大学学习的是英国史。**我学习历史的方法是大量阅读书籍，将浩如烟海的知识集中在一起。**

也许很多人认为，历史书都是根据真实事件写成的，其实并非如此。每个人都会有自己的观点和主见，就算写书时力求实事求是，但不同作者的解读也不尽相同。所以应该阅读各类书籍，学习不同的观点。

但是，如果我在21岁时足够聪明，就不会去牛津大学，而是去中国，现在想来的确应该那么做。当然，我在牛津大学也度过了愉快而美好的时光，但回想起来，还是应该去中国。当时我完全没有意识到，不能只学习西方的历史，而应该学习全世界的历史。

我在耶鲁大学的时候，别说历史了，我连投资是什么都不太清楚，也不知道华尔街在纽约的什么地方。虽然大致知道1929年发生过严重的事件，也就是华尔街股灾，但完全不清楚详细的情况。我分不清股票和债券的区别，也不会把历史和投资联系在一起。

如今，我知道历史能够帮助我投资成功，也知道日本、中国等亚洲各国发生了什么样的事情。我也周游过世界，在投资界和教育界等许多地方积攒了丰富的经验。阅读大量的历史书固然重要，但将书本与实际经验结合起来更加重要。

不要畏惧变化，而要学会享受

我在这本书中引用过英国诗人鲁德亚德·吉卜林的诗句：

What should they know of England who only England know？

（只知道英国的人又了解英国什么呢？）

如今，我们所处的世界正发生着巨大的变化。不要畏惧它们，而要亲自探索、亲眼见证这一过程，我相信一定会令人激动不已。

最后，我想感谢我最爱的家人、努力促成这本书出版的记者大野和基以及PHP研究所的编辑大岩央。

希望这本书能够对你们的未来有所帮助。

吉姆·罗杰斯于新加坡